공부방 선생님을 위한

아주 쉬운 수학 놀이

쌓기나무편

청송문화사

쌓기나무 알기

1. 쌓기나무 알기 …… 6
2. 쌓기나무 같은 모양 알기 …… 7

쌓기나무와 개수세기

1. 쌓기나무 분리하여 개수세기 …… 14
2. 쌓기나무의 줄의 수를 더하여 개수세기 …… 17
3. 숨어있는 쌓기나무 개수세기(1) …… 20
4. 숨어있는 쌓기나무 개수세기(2) …… 24

쌓기나무와 보이는 면의 점의 개수세기

1. 보이는 면의 점의 개수 세기 …… 28
2. 보이는 면의 개수 세는 방법 …… 34
3. 숨어 있는 쌓기나무가 있을 때의 보이는 면의 점의 개수세기 …… 37
4. 정육면체로 쌓은 쌓기나무의 보이는 면의 점의 수세기 …… 40

쌓기나무와 보이는 면의 점의 개수세기-문제유형 … 41

쌓기나무와 모양익히기

1. 위·앞·옆에서 본 모양 익히기 …… 58
2. 모양 보고 쌓기나무 만들기 …… 66

쌓기나무 옮기기

1. 쌓기나무 1개 옮기기 …… 74
2. 서로 다른 쌓기나무 옮기기 …… 79
3. 쌓기나무 옮겨서 같은 모양 만들기 …… 83

쌓기나무와 대칭

1. 대칭이란 …… 90
2. 좌·우 대칭 모양 관찰하기 …… 90
3. 상·하 대칭 모양 관찰하기 …… 93
4. 점대칭 모양 만들기 …… 97
5. 선대칭과 점대칭 …… 102

쌓기나무와 묶어세기

1. 같은 개수로 묶어 세기 …… 106
2. 묶어세기와 나머지 …… 115

쌓기나무와 여러가지 게임

1. 한묶음 님게임 …… 122
2. 두묶음 님게임 …… 125
3. 쌓기나무 높이쌓기 …… 129
4. 쌓기나무빼내기 …… 131
5. 수평저울놀이 …… 133

쌓기나무 연결블록 에딕스링커

1. 에딕스 링커 알기 …… 138
2. 에딕스 링커 수학놀이 …… 140
3. 재미있는 모양 만들기 …… 145
4. 연계 블록 놀이 …… 149

자석을 이용한 쌓기블록-에딕스큐브

1. 자석 쌓기블록은? …… 154
2. 자석 정육면체 블록 …… 154
3. 자석 색깔 블록 …… 156
4. 자석 숫자 블록 …… 157
5. 자석 쌓기블록의 장점 …… 159
6. 자석 쌓기블록으로 여러 가지 모양 만들기 …… 162

놀이가 곧 교육입니다

창의력 마당수학
전략 학습 게임 시리즈

쌓기나무 알기

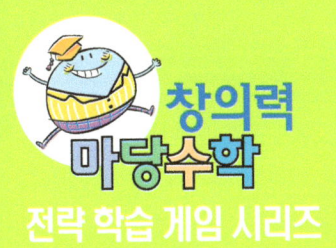

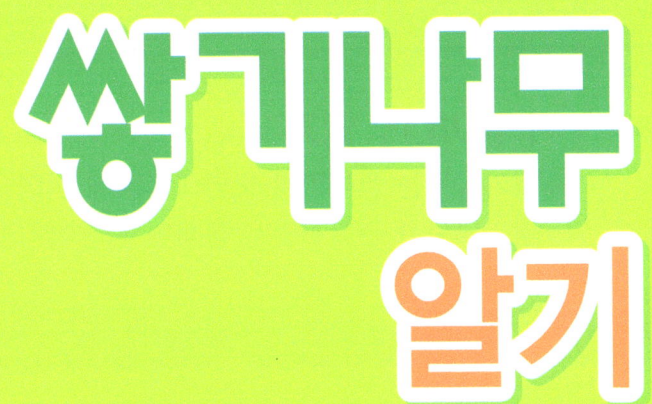

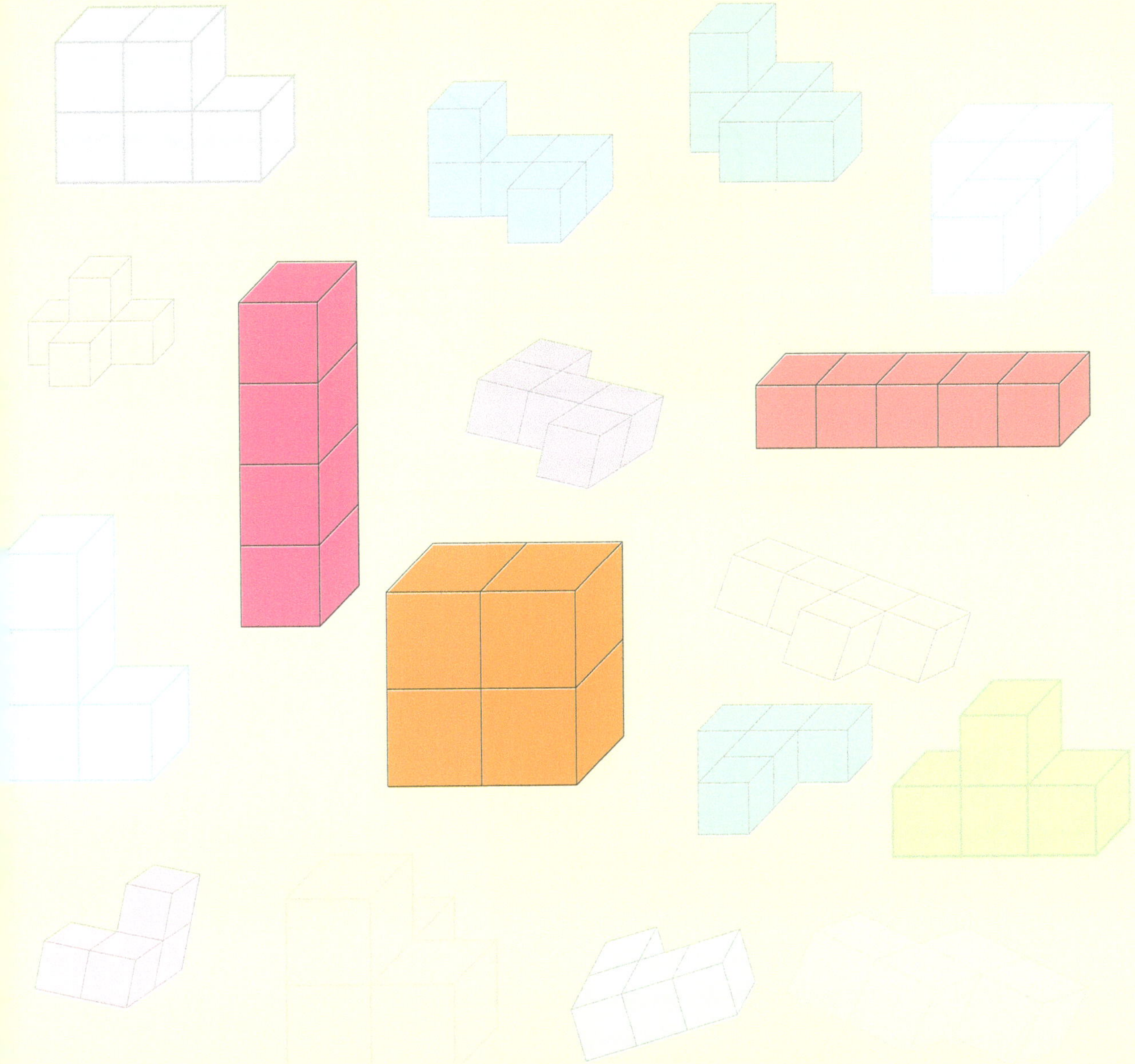

1. 쌓기나무 알기

쌓기나무는 정육면체 모양의 나무입니다.
쌓기나무를 관찰하면서 정육면체의 특징을 알아 봅시다.

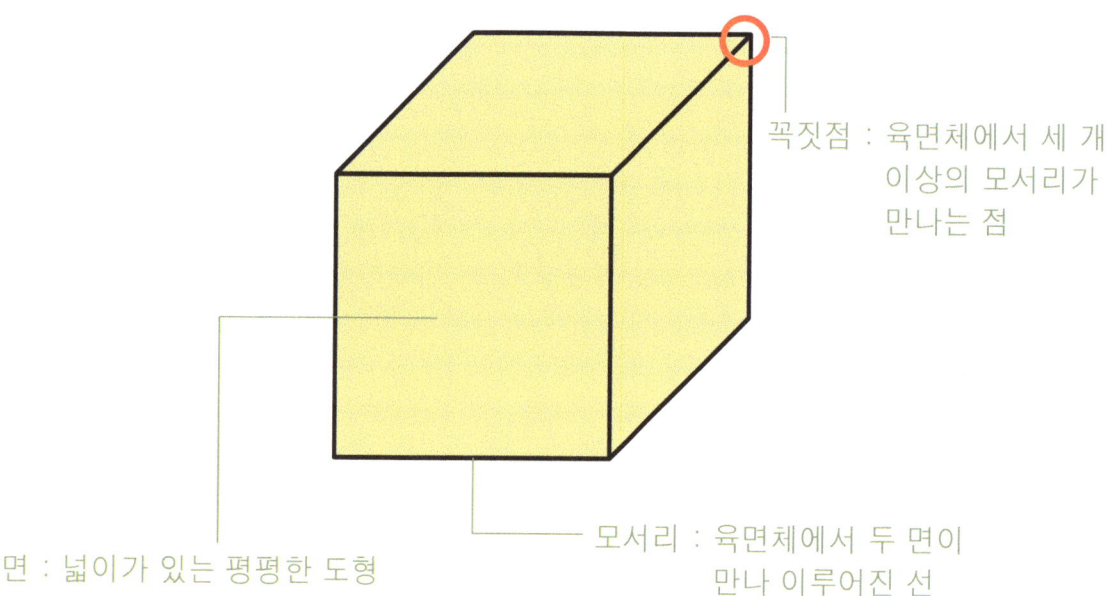

정육면체의 정의 : 정사각형 6개로 만들어진 입체 도형

정육면체의 특징 : ① 꼭짓점이 8개입니다.
② 모서리가 12개입니다.
③ 면이 6개입니다.

2. 쌓기나무 같은 모양 알기

쌓기나무를 2개, 3개, 4개 이상 조합하여 여러 가지 모양을 만들어 봅시다.
같은 개수로 만들어도 여러 가지 모양이 나오게 됩니다.
(눕히거나 세우거나 회전하여 나온 모양은 서로 같은 모양입니다.)

(1) 쌓기나무 2개로 만들기: 쌓기나무 2개로 만들 수 있는 모양은 모두 1가지입니다.

서로 같은 모양입니다.

(2) 쌓기나무 3개로 만들기: 쌓기나무 3개로 만들 수 있는 모양은 모두 2가지입니다.

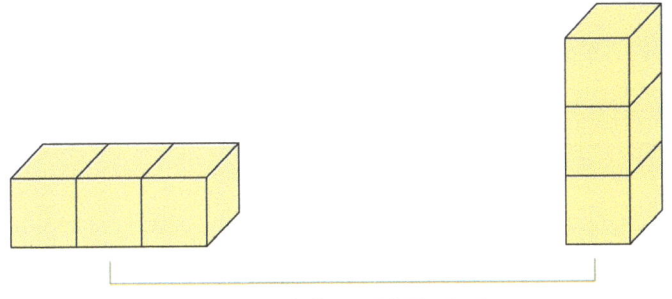

서로 같은 모양입니다.

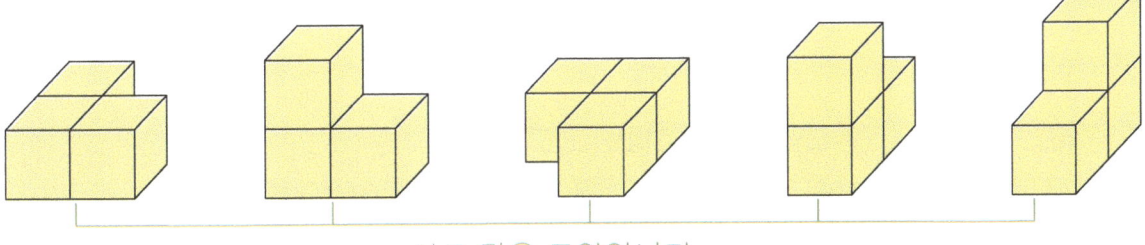

서로 같은 모양입니다.

(3) 쌓기나무 4개로 만들기 : 쌓기나무 4개로 만들 수 있는 모양은 모두 8가지 입니다.

①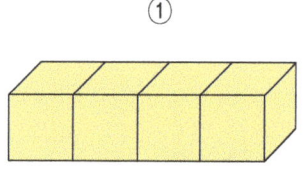

②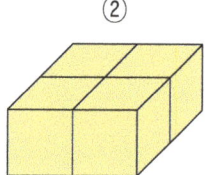

③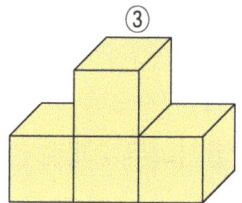

④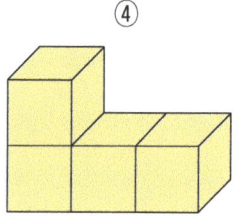

⑤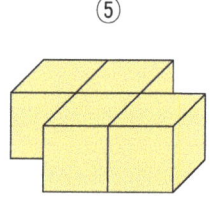

⑥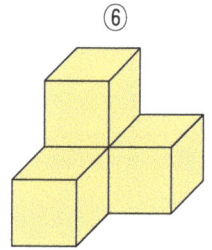

⑦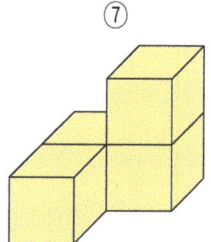

⑧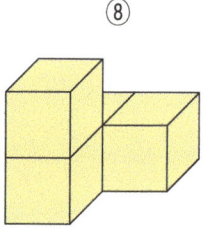

☞ 위의 모양 중 ① ~ ⑤번 모양을 '테트로미노' 라고 합니다.

위의 모양 중 ③ ~ ⑧번 모양에 ▢ 모양 하나를 더하면 소마큐브가 됩니다.

★서로 같은 모양 익히기★

세우거나 회전하여 나온 쌓기나무를 관찰해 봅시다.

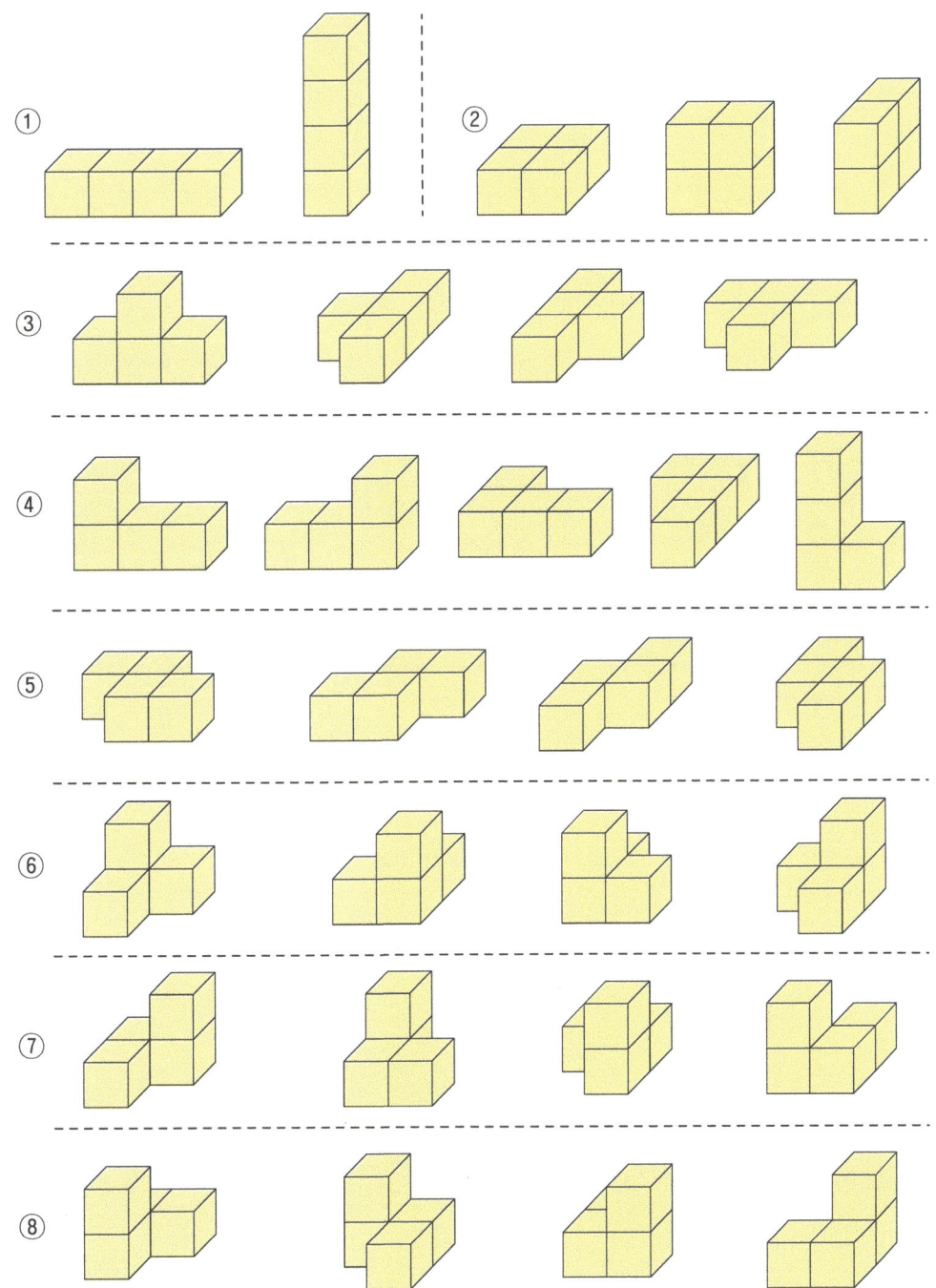

(4) 쌓기나무 5개로 만들기 : 쌓기나무 5개를 조합하여 여러 가지 모양을 만들어 봅시다. 쌓기나무 5개로 만들 수 있는 모양은 아래 이외에도 여러 가지가 더 있습니다.

1) 평면형 (1층) : 12가지 입니다.(펜토미노)

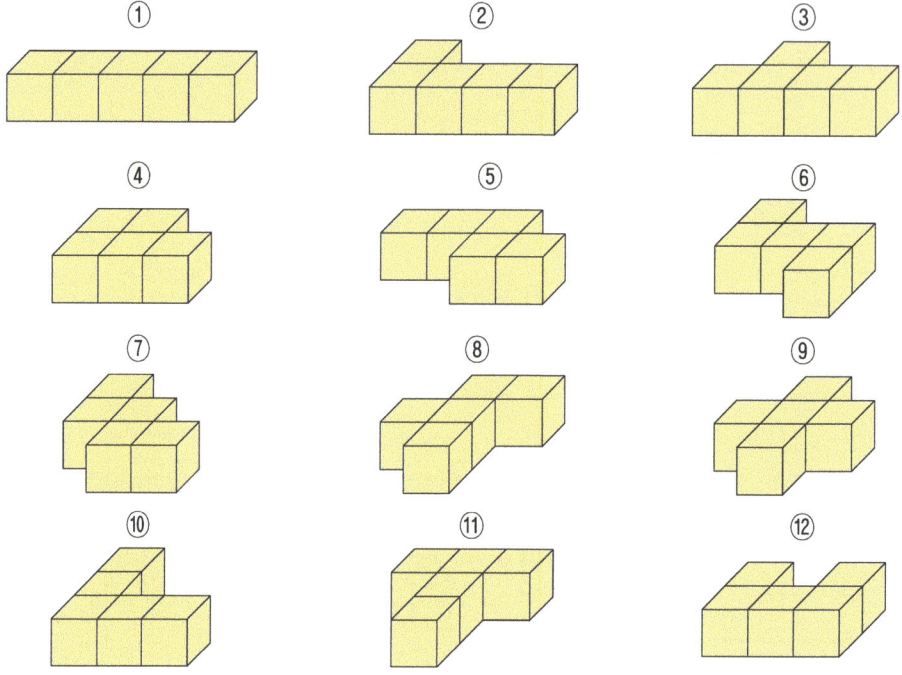

☞ 위의 모양을 '펜토미노'라고 합니다.

---

2) 입체형 (2층 이상)

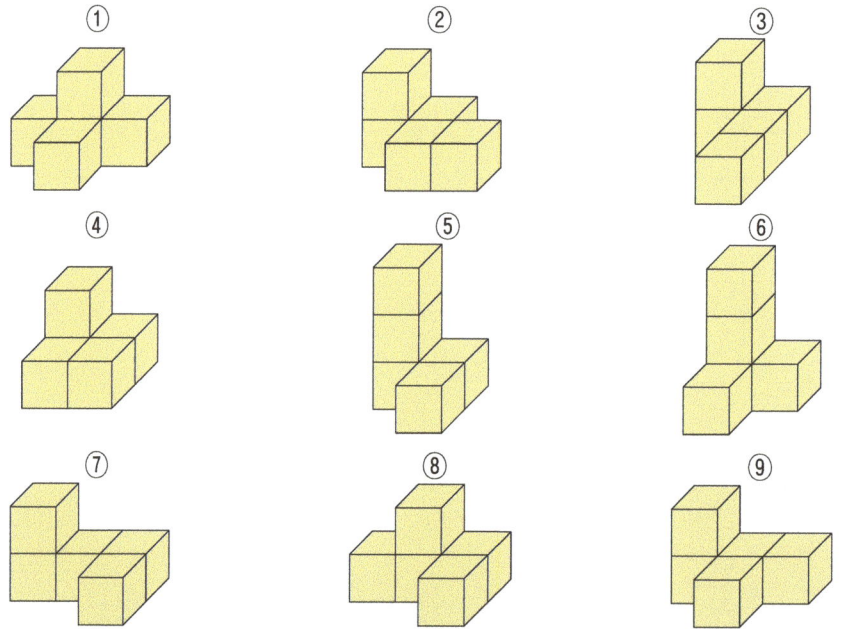

☞ 위의 모양 이외에도 여러가지가 더 있습니다.

★서로 같은 모양 익히기★

앞에서 만든 ①~⑫번의 펜토미노 모양을 세우거나 회전하여 서로 같은 모양을 관찰해 봅시다.

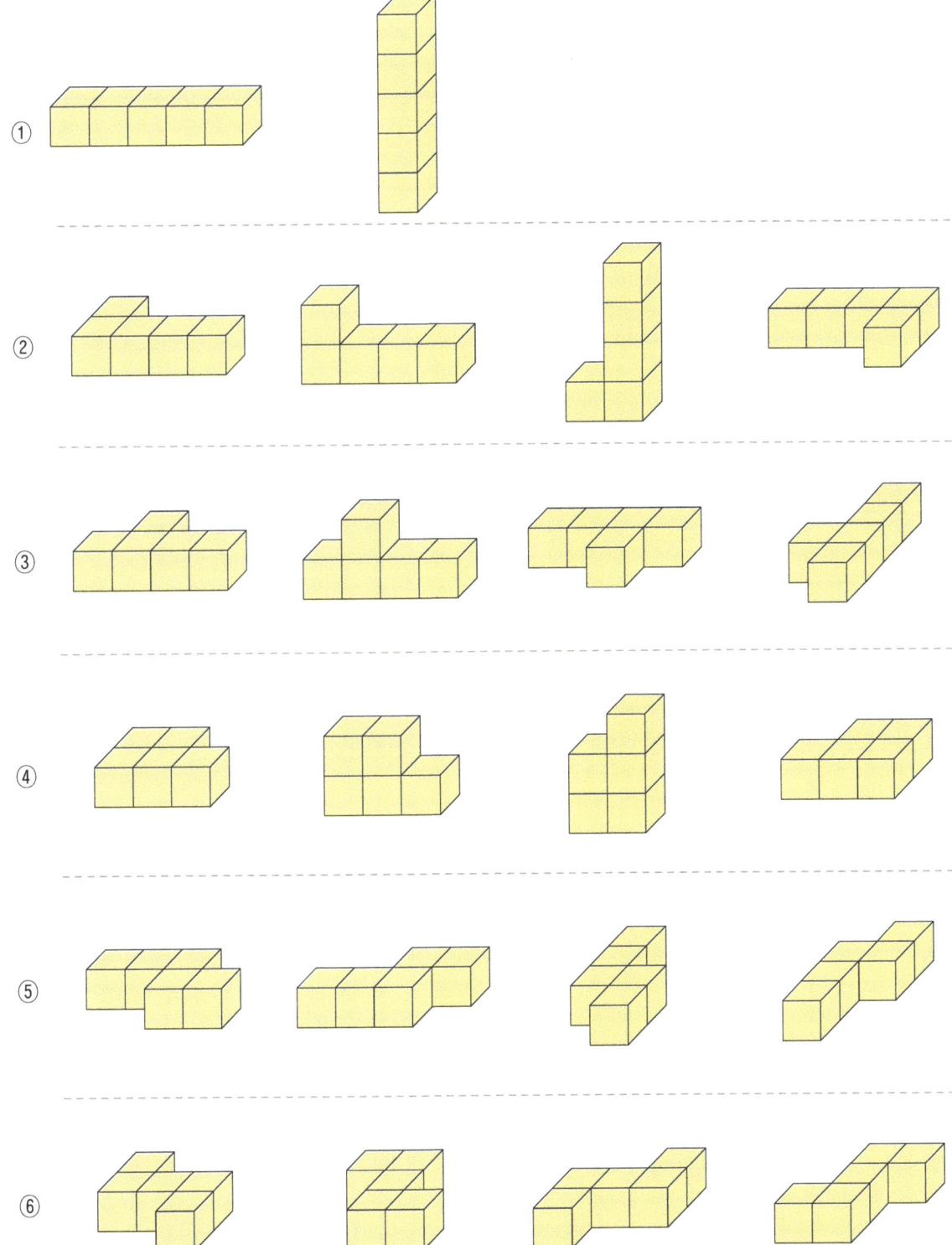

② 옆의 모양은 위·아래, 왼쪽·오른쪽 대칭 모양으로, 어느 쪽으로 회전하여도 모양이 같습니다.

전략 학습 게임 시리즈

쌓기나무와 개수세기

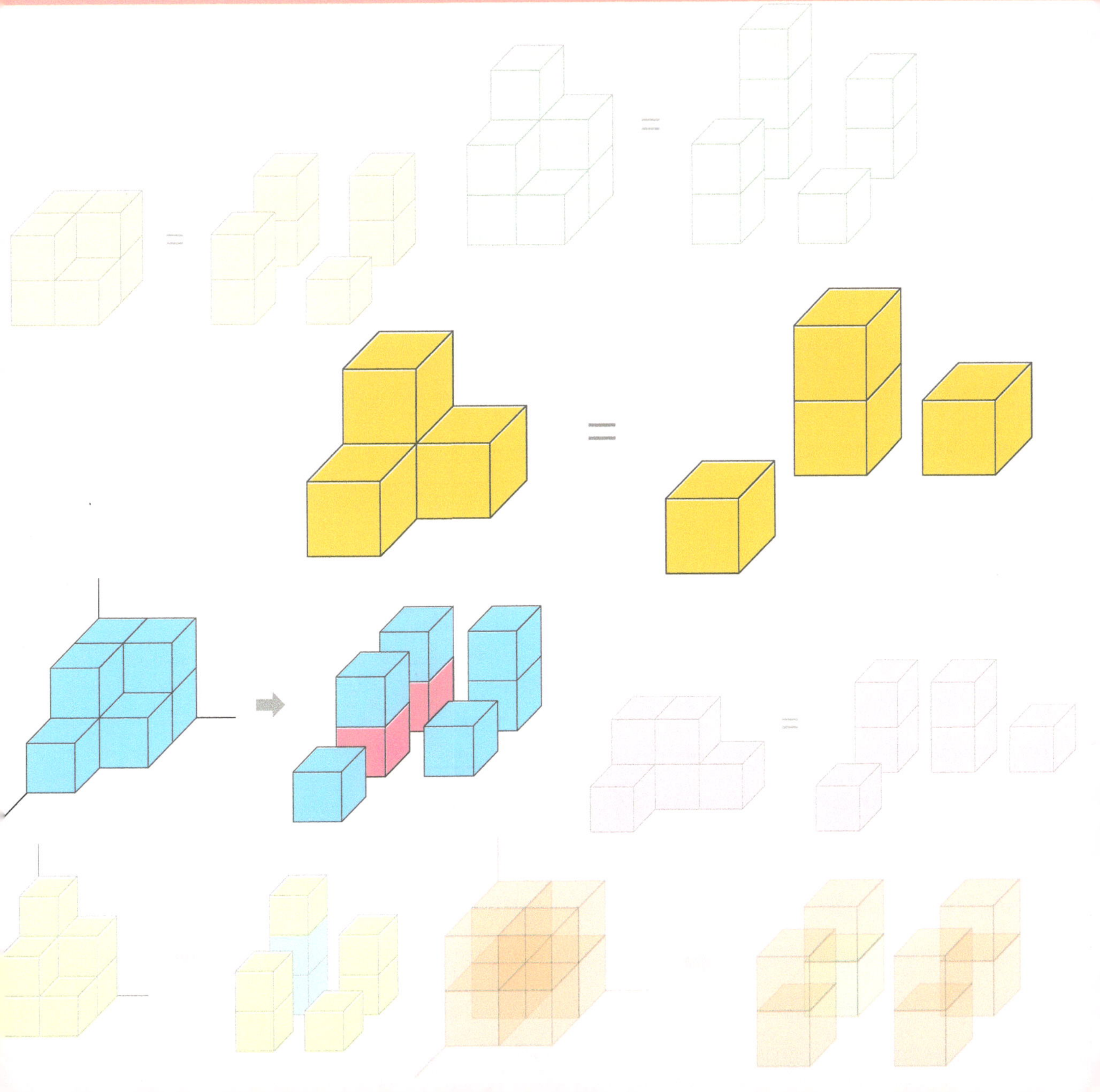

1. 쌓기나무 분리하여 개수세기

쌓기나무를 분리하면 쉽게 쌓기나무의 개수를 셀 수 있습니다.

쌓기나무의 개수를 세기 편하도록 분리하여 봅시다.

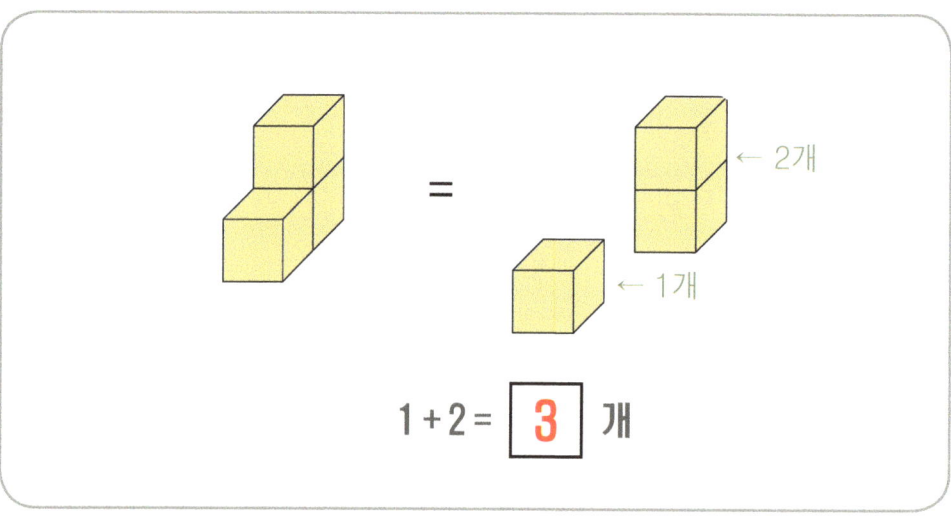

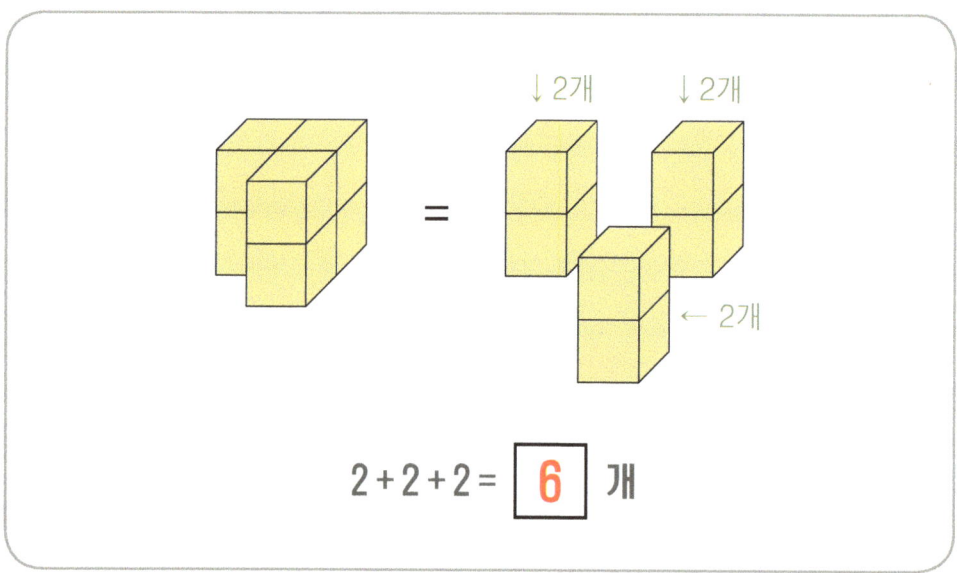

- 쌓기나무의 개수를 세기 쉽도록 분리하여 봅시다.

2 + 1 + 1 = 3 개

2 + 2 + 1 + 1 = 6 개

3 + 2 + 1 = 6 개

2 + 2 + 1 + 1 = 6 개

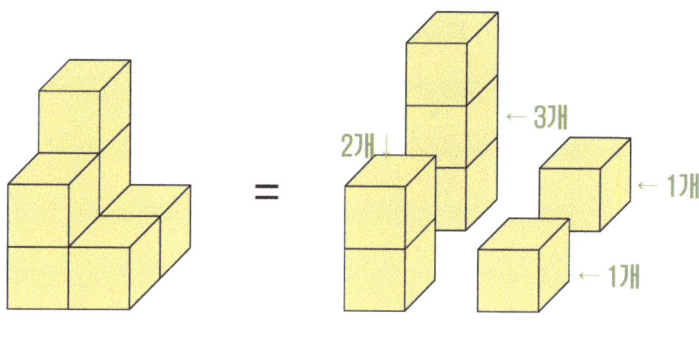

$3 + 2 + 1 + 1 =$ **7** 개

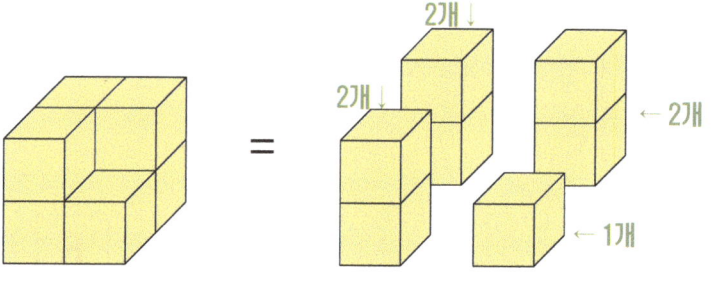

$2 + 2 + 2 + 1 =$ **7** 개

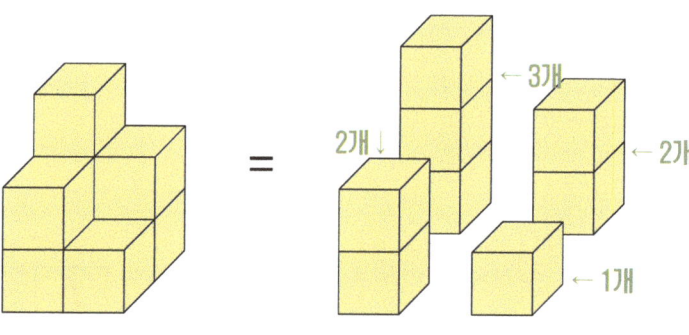

$3 + 2 + 2 + 1 =$ **8** 개

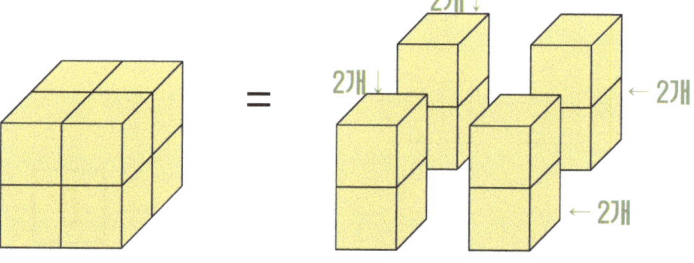

$2 + 2 + 2 + 2 =$ **8** 개

2. 쌓기나무의 줄의 수를 더하여 개수세기

쌓기나무의 맨 위에 그 줄의 개수를 쓴 후 더하여 개수를 세어 봅시다.

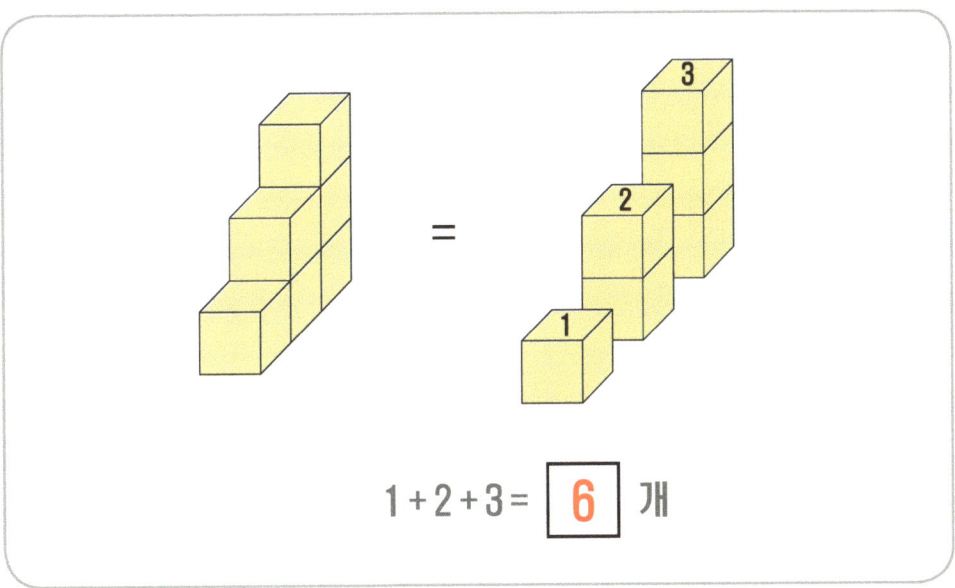

1 + 2 + 3 = 6 개

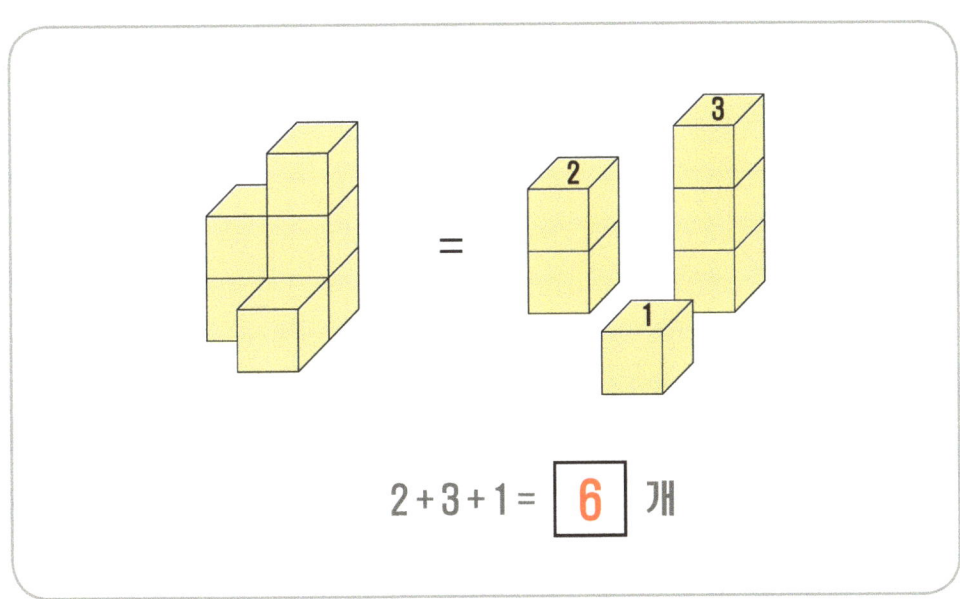

2 + 3 + 1 = 6 개

• 맨 위의 쌓기나무에 그 줄의 개수를 적은 후 줄의 수를 더하여 개수를 세어 봅시다.

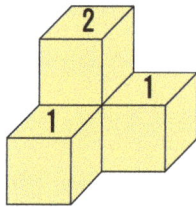

1 + 1 + 2 = 4 개

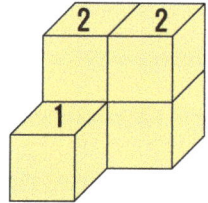

1 + 2 + 2 = 5 개

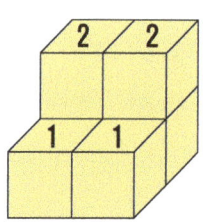

2 + 2 + 1 + 1 = 6 개

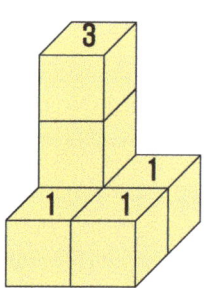

1 + 1 + 1 + 3 = 6 개

• 맨 위의 쌓기나무에 그 줄의 개수를 적은 후 줄의 수를 더하여 개수를 세어 봅시다.

1 + 1 + 2 + 3 = 7 개

1 + 2 + 4 = 7 개

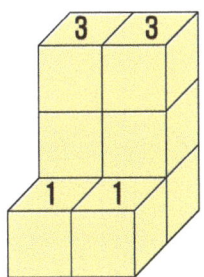

1 + 1 + 3 + 3 = 8 개

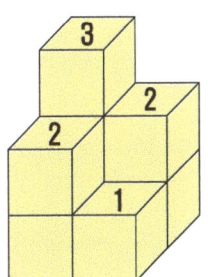

1 + 2 + 2 + 3 = 8 개

3. 숨어있는 쌓기나무 개수세기 (1)

쌓아진 쌓기나무에서 숨어있는 쌓기나무가 몇 개인지 찾아 봅시다.
숨어있는 쌓기나무를 찾기 위해서는 먼저 쌓기나무를 분리한 후, 다른 쌓기나무에 가려져 있던 쌓기나무를 찾아야 합니다.

- 쌓기나무의 보이는 곳에 모두 색을 칠해 봅시다.
- 색을 칠하지 않은 것이 숨어있는 쌓기나무 입니다.

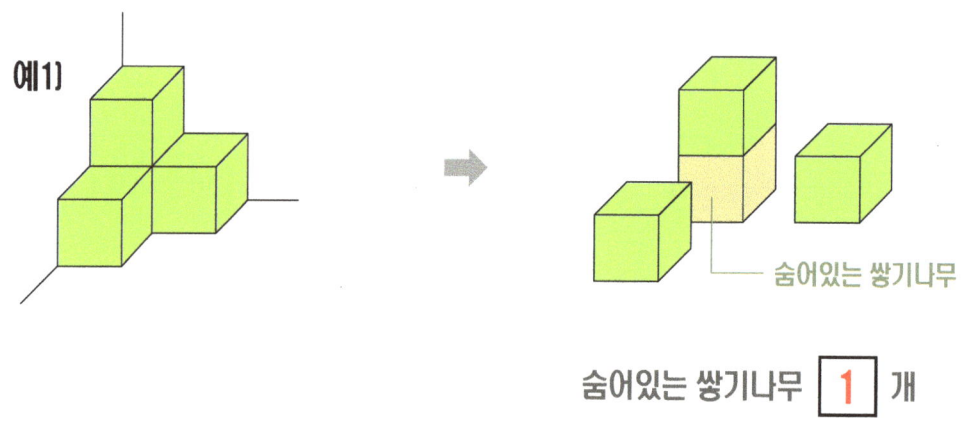

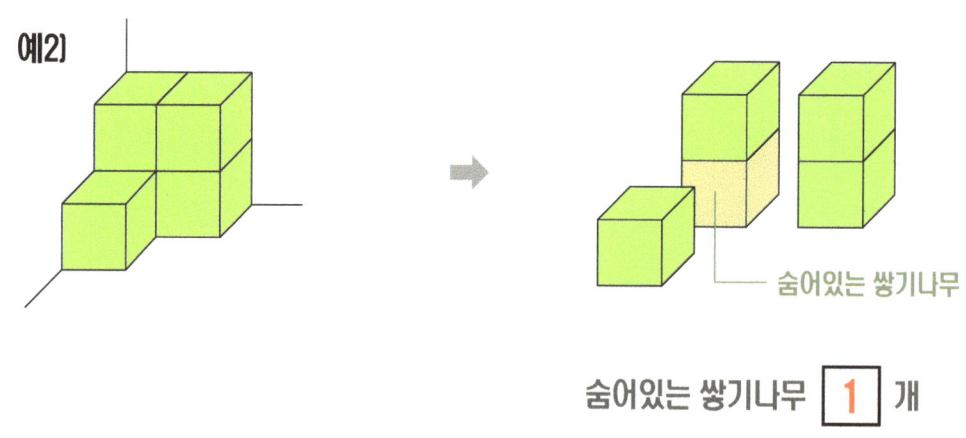

- 숨어있는 쌓기나무의 개수를 세어 봅시다.

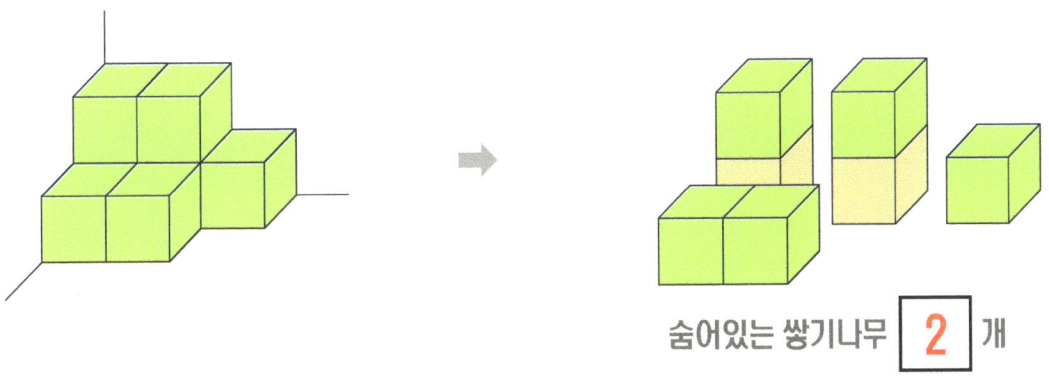

숨어있는 쌓기나무 2 개

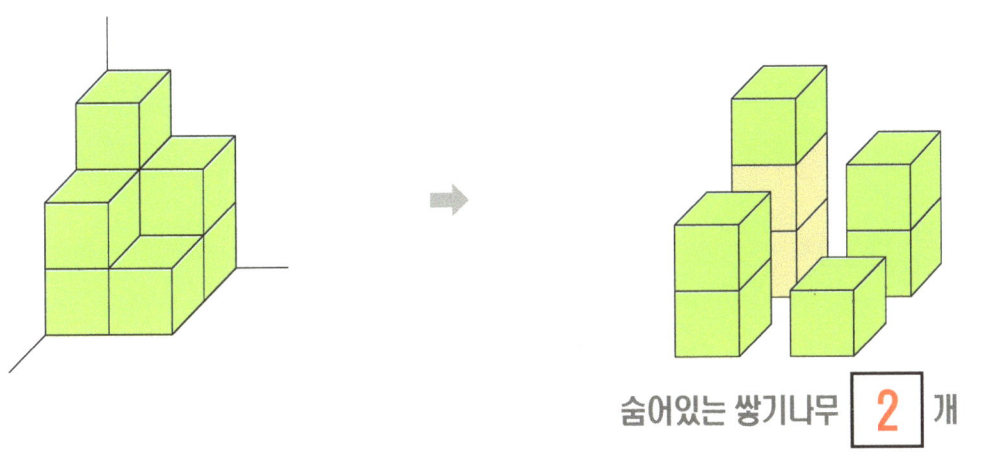

숨어있는 쌓기나무 2 개

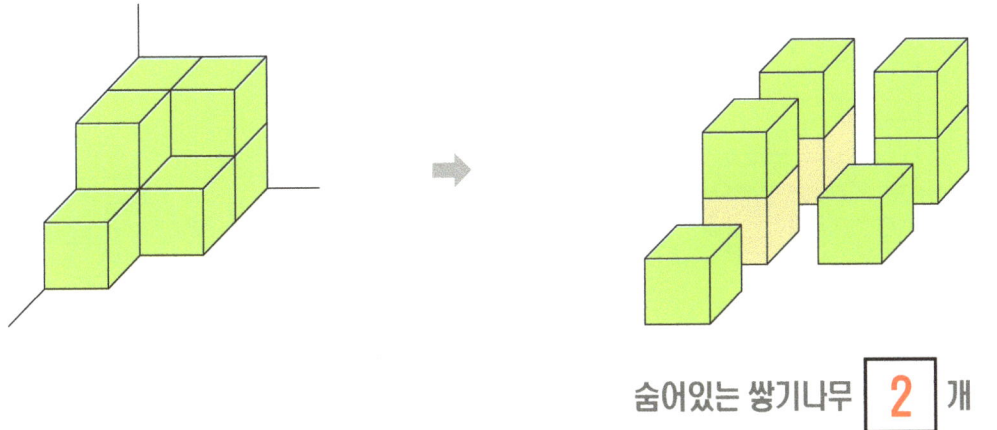

숨어있는 쌓기나무 2 개

- 숨어있는 쌓기나무의 개수를 세어 봅시다.

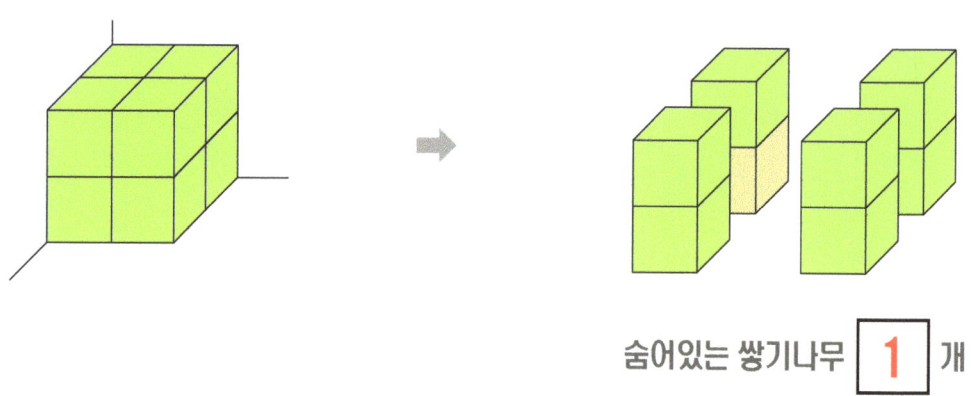

숨어있는 쌓기나무 1 개

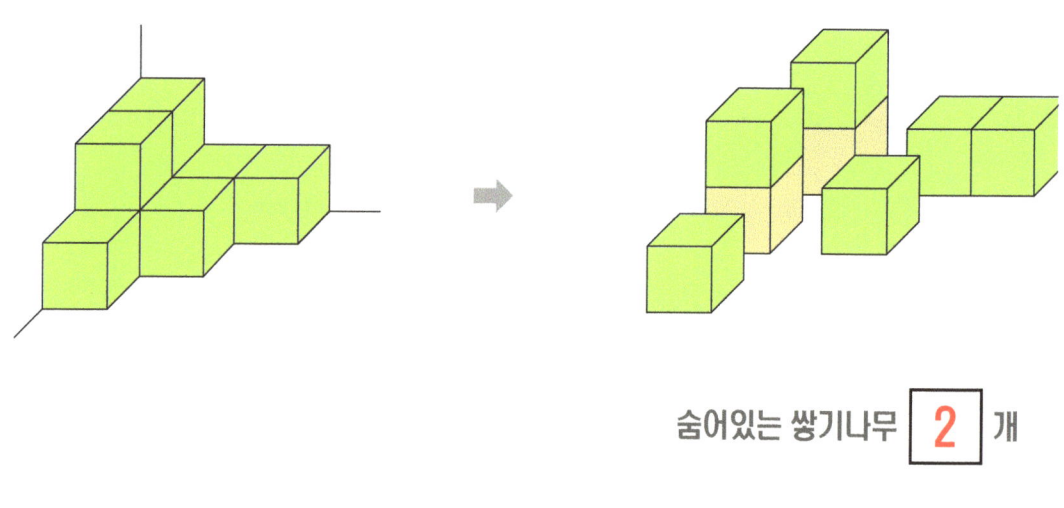

숨어있는 쌓기나무 2 개

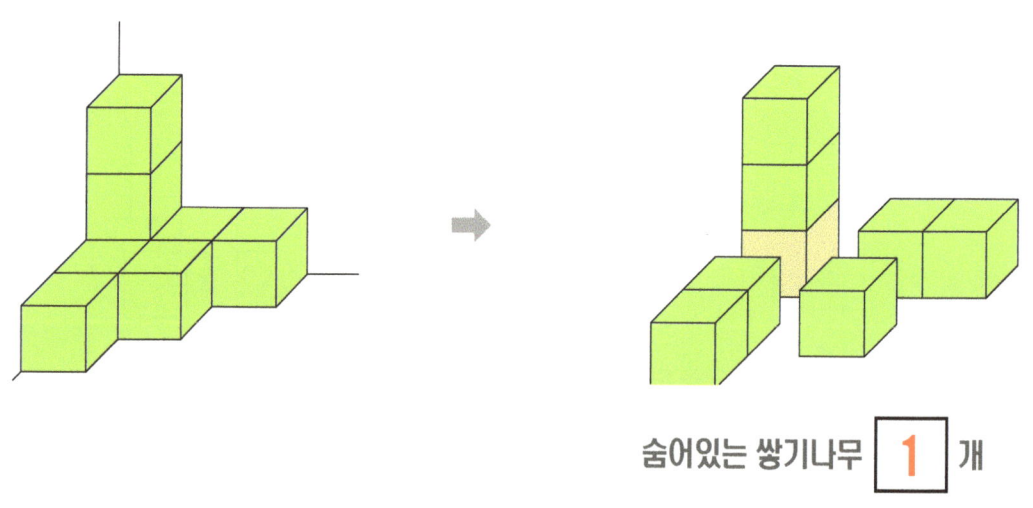

숨어있는 쌓기나무 1 개

• 숨어있는 쌓기나무의 개수를 세어 봅시다.

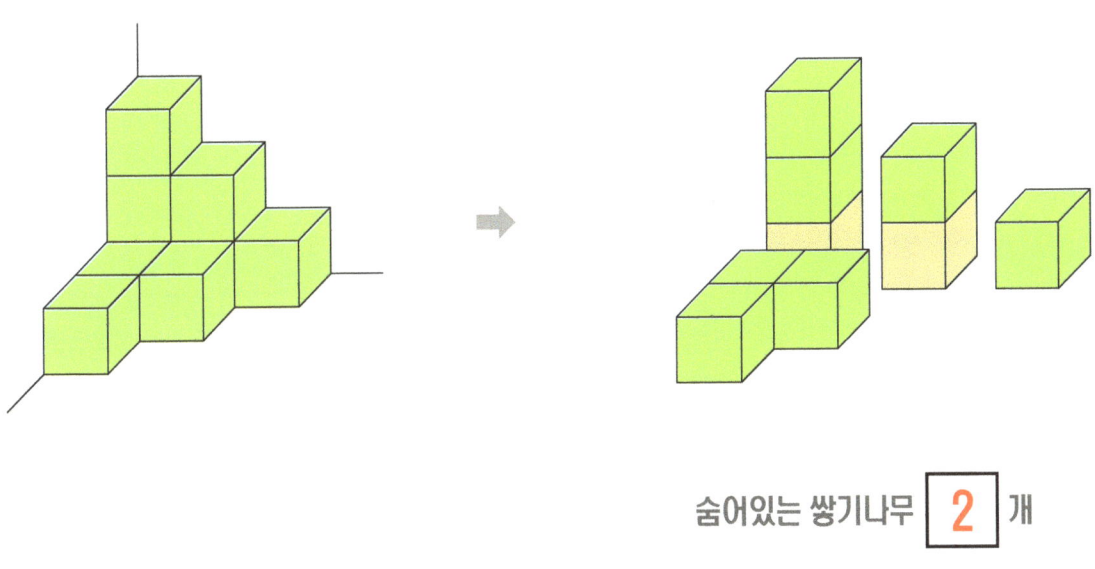

숨어있는 쌓기나무 2 개

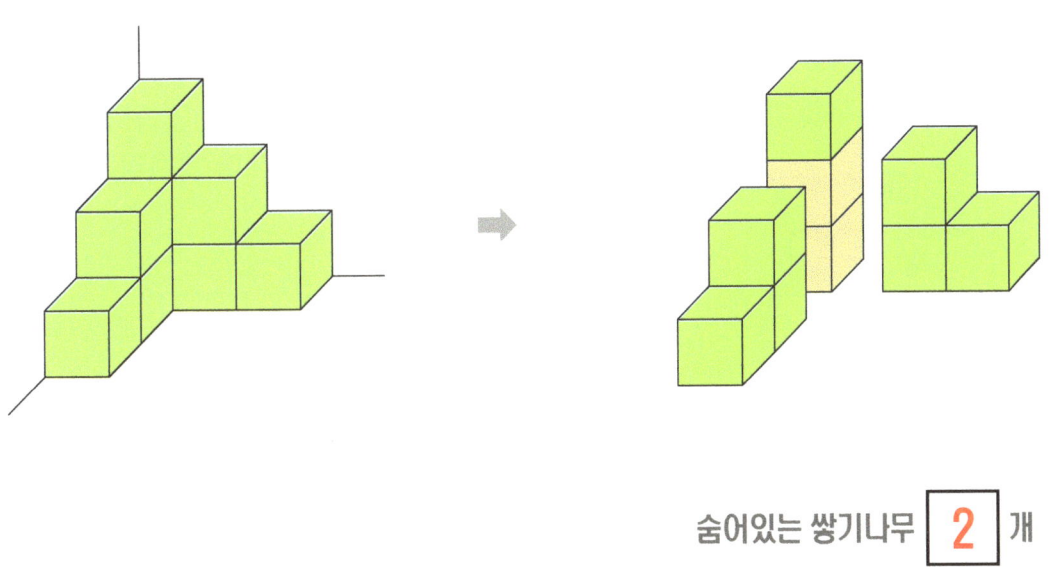

숨어있는 쌓기나무 2 개

4. 숨어있는 쌓기나무 개수세기 (2)

전체 쌓기나무에서 보이는 쌓기나무 개수를 빼면 숨어있는 쌓기나무 개수를 구할 수 있습니다. <보기> 쌓기나무의 숨어있는 쌓기나무 개수를 세어 보세요.

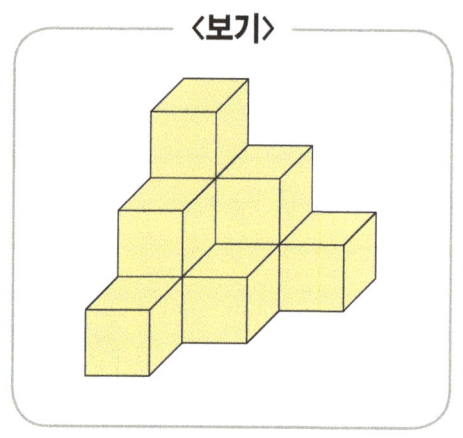

- 전체 쌓기나무의 개수세기 – 각 쌓기나무의 맨 윗줄에 그 줄의 쌓기나무 개수를 쓴 후 모두 더해 봅시다.

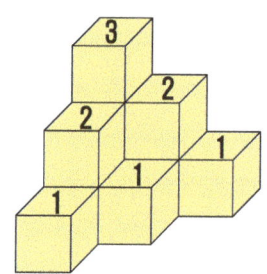

3 + 2 + 2 + 1 + 1 + 1 = **10** 개

- 보이는 쌓기나무의 개수세기 – 보이는 쌓기나무에 점을 1개씩 찍었습니다. 보이는 쌓기나무의 개수를 세어 봅시다.

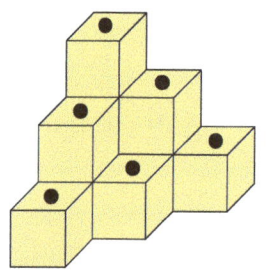

점이 보이는 쌓기나무 **6** 개

: 숨어있는 쌓기나무 = 전체 쌓기나무 개수 − 보이는 쌓기나무 개수

= 10 − 6 = **4** 개

- 전체 쌓기나무에서 보이는 쌓기나무 개수를 빼서 숨어있는 쌓기나무의 개수를 세어 보세요.

<보기>

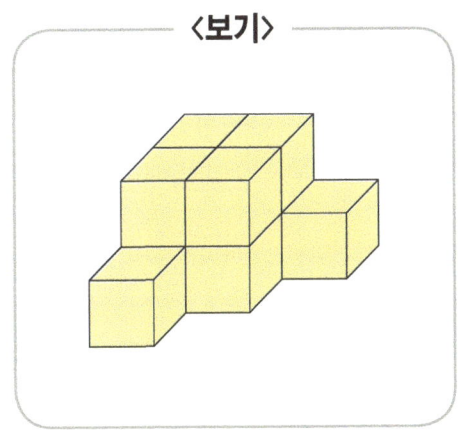

- 전체 쌓기나무의 개수세기 – 각 쌓기나무의 맨 윗줄에 그 줄의 쌓기나무 개수를 쓴 후 모두 더해 봅시다.

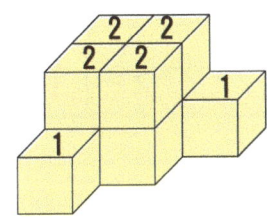

2 + 2 + 2 + 2 + 1 + 1 = 10 개

- 보이는 쌓기나무의 개수세기 – 보이는 쌓기나무에 점을 1개씩 찍었습니다. 보이는 쌓기나무의 개수를 세어 봅시다.

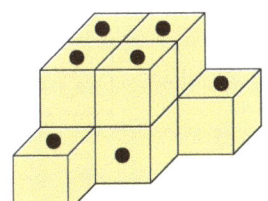

점이 보이는 쌓기나무 7 개

: 숨어있는 쌓기나무 = 전체 쌓기나무 개수 – 보이는 쌓기나무 개수

= 10 – 6 = 3 개

- 전체 쌓기나무에서 보이는 쌓기나무 개수를 빼서 숨어있는 쌓기나무의 개수를 세어 보세요.

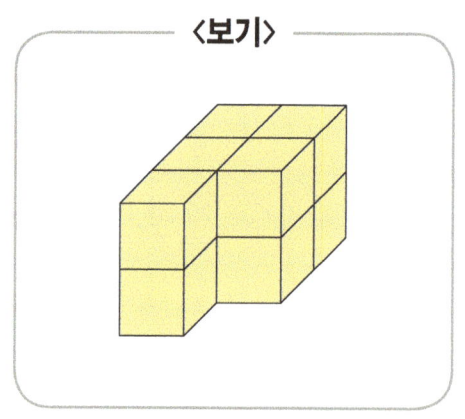

<보기>

- 전체 쌓기나무의 개수세기 – 각 쌓기나무의 맨 윗줄에 그 줄의 쌓기나무 개수를 쓴 후 모두 더해 봅시다.

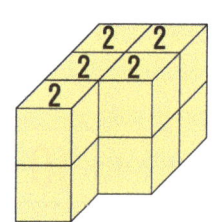

2 + 2 + 2 + 2 + 2 = 10 개

- 보이는 쌓기나무의 개수세기 – 보이는 쌓기나무에 점을 1개씩 찍었습니다. 보이는 쌓기나무의 개수를 세어 봅시다.

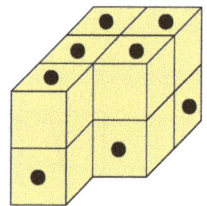

점이 보이는 쌓기나무 8 개

∴ 숨어있는 쌓기나무 = 전체 쌓기나무 개수 – 보이는 쌓기나무 개수
= 10 – 6 = 2 개

쌓기나무와 보이는 면의 점의 개수세기

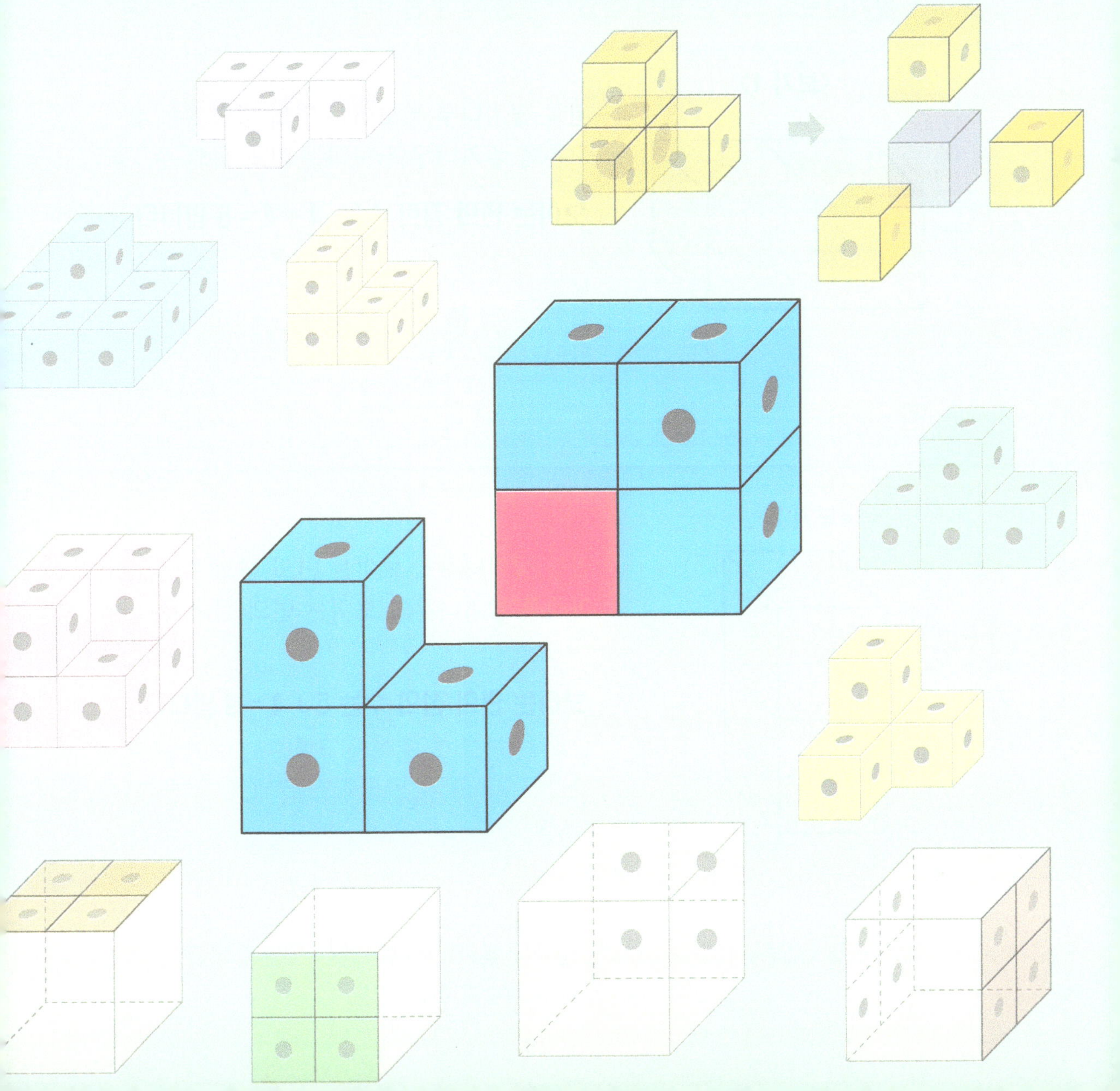

전략 학습 게임 시리즈

1. 보이는 면의 점의 개수 세기

쌓기나무 겉면에 옆의 그림처럼 점을 찍었습니다. 보이는 면의 점의 수는 모두 5개입니다. 보이는 면의 개수를 셀 때에는 바닥면과 쌓기나무끼리 닿는면은 세지 않습니다.
[보이는 면에 점을 찍었습니다.]

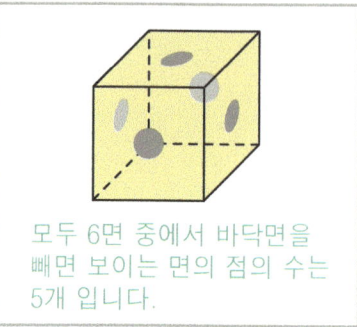

모두 6면 중에서 바닥면을 빼면 보이는 면의 점의 수는 5개 입니다.

• 아래 쌓기나무의 보이는 면의 점의 개수를 세어 봅시다.

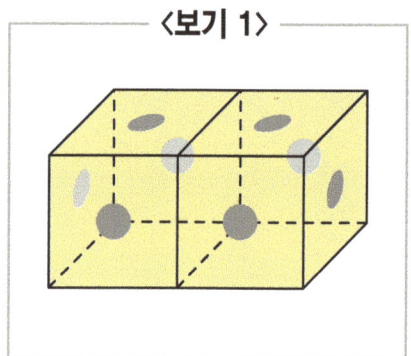

〈보기 1〉

왼쪽 쌓기나무의 보이는 면의 점의 수 : 4
오른쪽 쌓기나무의 보이는 면의 점의 수 : 4

보이는 면의 점의 수는 4 + 4 = 8 입니다.

모두 12개의 면 중에서 바닥면 2개와 서로 겹친면 2개를 빼면 보이는 면의 점의 수는 8개입니다.

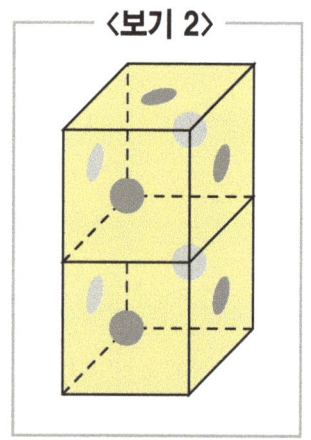

〈보기 2〉

위쪽 쌓기나무의 보이는 면의 점의 수 : 5
아래쪽 쌓기나무의 보이는 면의 점의 수 : 4

보이는 면의 점의 수는 5 + 4 = 9 입니다.

모두 12개의 면 중에서 바닥면 1개와 서로 겹친면 2개를 빼면 보이는 면의 점의 수는 9개입니다.

보기 1, 2에서 보듯 서로 같은 개수의 쌓기나무라도 쌓는 모양에 따라 보이는 면의 점의 개수가 다릅니다.

• 3개의 쌓기나무를 <보기>와 같이 쌓은 후, 보이는 면의 점의 개수를 세어 봅시다.

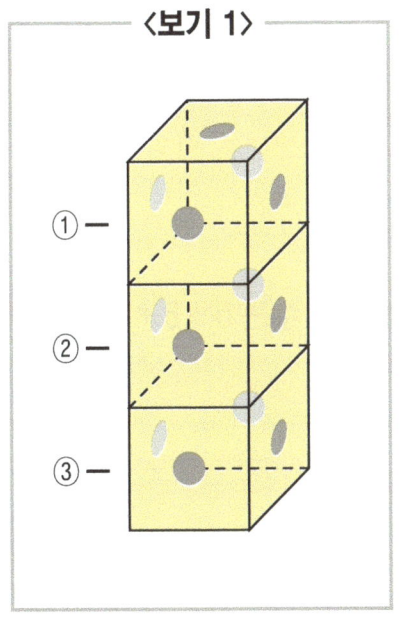

①번 쌓기나무의 면의 점의 수 : 5
②번 쌓기나무의 면의 점의 수 : 4
③번 쌓기나무의 면의 점의 수 : 4

보이는 면의 점의 수는 5 + 4 + 4 = 13 입니다.

모두 18개의 면 중에서 바닥면 1개와 서로 겹친면 4개를 빼면 보이는 면의 점의 수는 13개입니다.

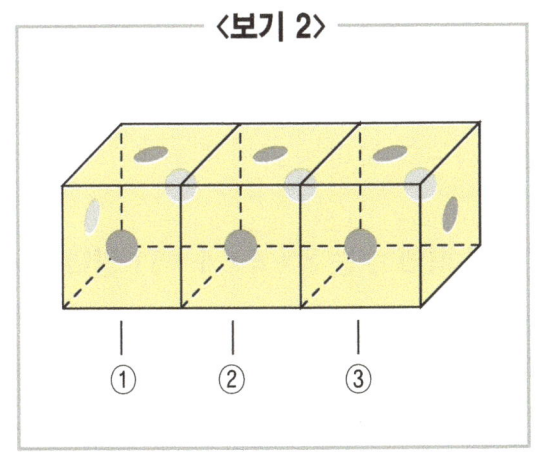

①번 쌓기나무의 면의 점의 수 : 4
②번 쌓기나무의 면의 점의 수 : 3
③번 쌓기나무의 면의 점의 수 : 4

보이는 면의 점의 수는 4 + 3 + 4 = 11 입니다.

모두 18개의 면 중에서 바닥면 3개와 서로 겹친면 4개를 빼면 보이는 면의 점의 수는 11개입니다.

• 3개의 쌓기나무를 <보기>와 같이 쌓은 후, 보이는 면의 점의 수를 세어 봅시다.

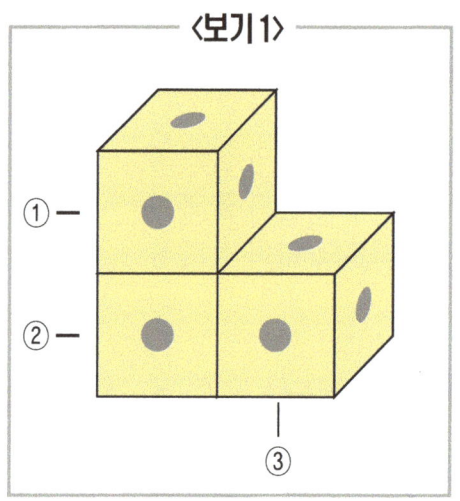

<보기 1>

①번 쌓기나무의 보이는 면의 점의 수 : 5
②번 쌓기나무의 보이는 면의 점의 수 : 3
③번 쌓기나무의 보이는 면의 점의 수 : 4

보이는 면의 점의 수는 5 + 3 + 4 = 12 입니다.

모두 18개의 면 중에서 바닥면 2개와 서로 겹친면 4개를 빼면 보이는 면은 12개입니다.

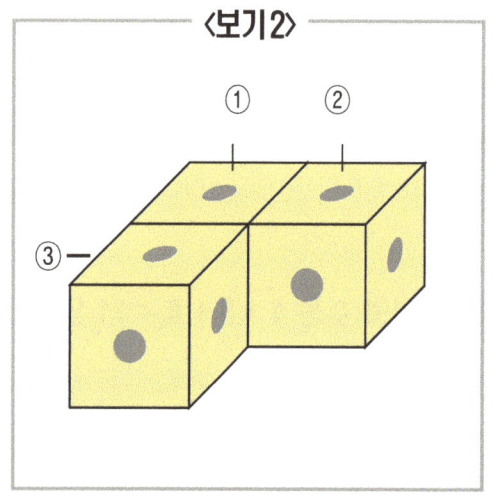

<보기 2>

①번 쌓기나무의 보이는 면의 점의 수 : 3
②번 쌓기나무의 보이는 면의 점의 수 : 4
③번 쌓기나무의 보이는 면의 점의 수 : 4

보이는 면의 점의 수는 3 + 4 + 4 = 11 입니다.

모두 18개의 면 중에서 바닥면 3개와 서로 겹친면 4개를 빼면 보이는 면은 11개입니다.

• 4개의 쌓기나무를 <보기>와 같이 쌓은 후, 보이는 면의 점의 수를 세어 봅시다.

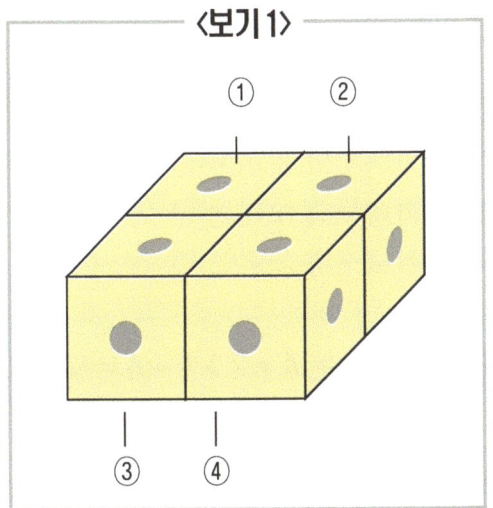

<보기1>

①번 쌓기나무의 보이는 면의 점의 수 : 3
②번 쌓기나무의 보이는 면의 점의 수 : 3
③번 쌓기나무의 보이는 면의 점의 수 : 3
④번 쌓기나무의 보이는 면의 점의 수 : 3

보이는 면의 점의 수는 3 + 3 + 3 + 3 = 12 입니다.

모두 24개의 면 중에서 바닥면 4개와 서로 겹친면 8개를 빼면 보이는 면은 12개입니다.

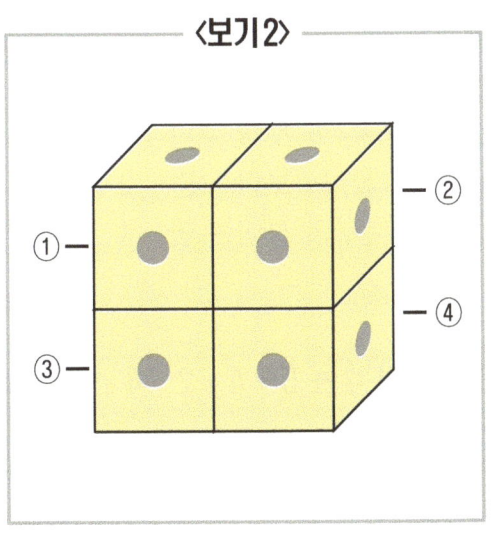

<보기2>

①번 쌓기나무의 보이는 면 : 4
②번 쌓기나무의 보이는 면 : 4
③번 쌓기나무의 보이는 면 : 3
④번 쌓기나무의 보이는 면 : 3

보이는 면의 점의 수는 4 + 4 + 3 + 3 = 14 입니다.

모두 24개의 면 중에서 바닥면 2개와 서로 겹친면 8개를 빼면 보이는 면은 14개입니다.

• 4개의 쌓기나무를 <보기>와 같이 쌓은 후, 보이는 면의 개수를 세어 봅시다.

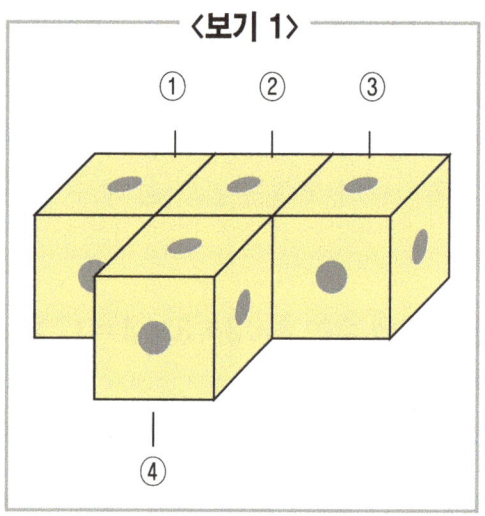

<보기 1>

①번 쌓기나무의 보이는 면 : 4
②번 쌓기나무의 보이는 면 : 2
③번 쌓기나무의 보이는 면 : 4
④번 쌓기나무의 보이는 면 : 4

보이는 면의 점의 수는 4 + 2 + 4 + 4 = 14 입니다.

모두 24개의 면 중에서 바닥면 4개와 서로 겹친면 6개를 빼면 보이는 면은 14개입니다.

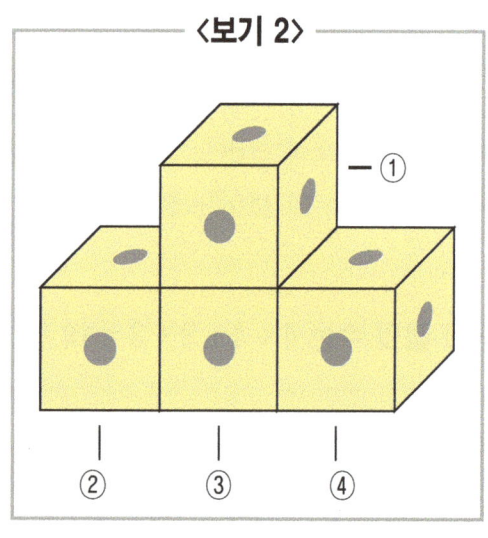

<보기 2>

①번 쌓기나무의 보이는 면 : 5
②번 쌓기나무의 보이는 면 : 4
③번 쌓기나무의 보이는 면 : 2
④번 쌓기나무의 보이는 면 : 4

보이는 면의 점의 수는 5 + 4 + 2 + 4 = 15 입니다.

모두 24개의 면 중에서 바닥면 3개와 서로 겹친면 6개를 빼면 보이는 면은 15개입니다.

- 4개의 쌓기나무를 아래 <보기>와 같이 쌓은 후 보이는 면의 개수를 세어 봅시다.

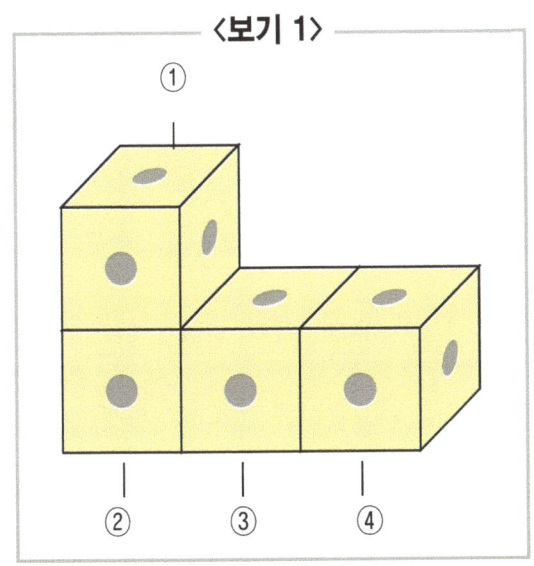

<보기 1>

①번 쌓기나무의 보이는 면 : 5
②번 쌓기나무의 보이는 면 : 3
③번 쌓기나무의 보이는 면 : 3
④번 쌓기나무의 보이는 면 : 4

보이는 면의 점의 수는 5 + 3 + 3 + 4 = 15 입니다.

모두 24개의 면 중에서 바닥면 3개와 서로 겹친면 6개를 빼면 보이는 면은 15개입니다.

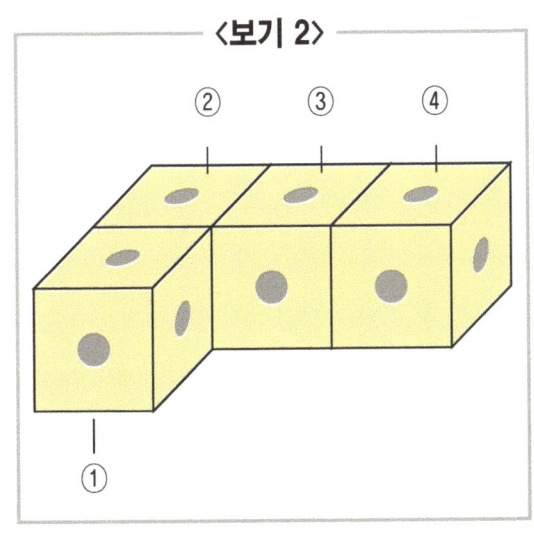

<보기 2>

①번 쌓기나무의 보이는 면 : 4
②번 쌓기나무의 보이는 면 : 3
③번 쌓기나무의 보이는 면 : 3
④번 쌓기나무의 보이는 면 : 4

보이는 면의 점의 수는 4 + 3 + 3 + 4 = 14 입니다.

모두 24개의 면 중에서 바닥면 4개와 서로 겹친면 6개를 빼면 보이는 면은 14개입니다.

2. 보이는 면의 개수 세는 방법

개수가 많은 쌓기나무의 보이는 면의 점의 수 세는 방법을 〈보기〉를 이용하여 알아 봅시다.

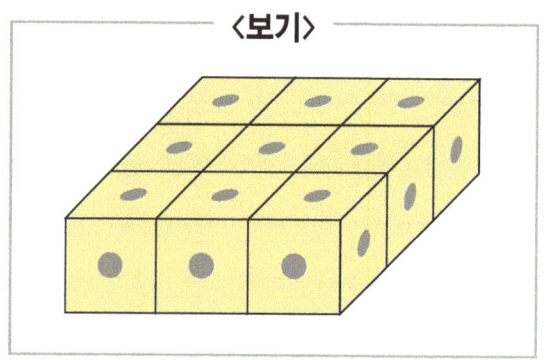

- 윗면, 앞면, 뒷면, 옆면의 점의 수를 따로 따로 센 후 합쳐서 세어 봅시다.

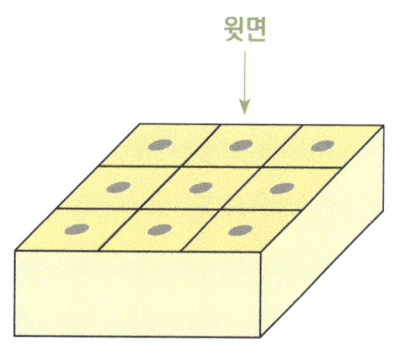

(1) 윗면의 보이는 면의 점의 수 : 9개

모두 9개의 쌓기나무가 있으므로
윗면의 보이는 면은 9입니다.

(2) 앞면·뒷면의 보이는 면의 점의 수 : 6개

(앞면·뒷면의 보이는 면의 개수는
항상 같습니다.)
3 + 3 = 6

(3) 옆면(오른쪽·왼쪽)의 보이는 면의 점의 수 : 6개

(오른·왼 의 보이는 면의 개수는
항상 같습니다.)
3 + 3 = 6

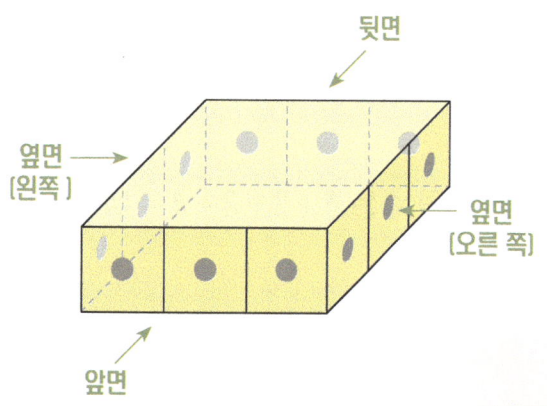

(4) 전체 보이는 면의 점의 수

**전체 보이는 면의 점의 수는 =
윗면 + 앞면·뒷면 + 옆면 = 9 + 6 + 6 = 21 입니다.**

• 아래 쌓기나무의 보이는 면의 점의 수를 세어 봅시다.

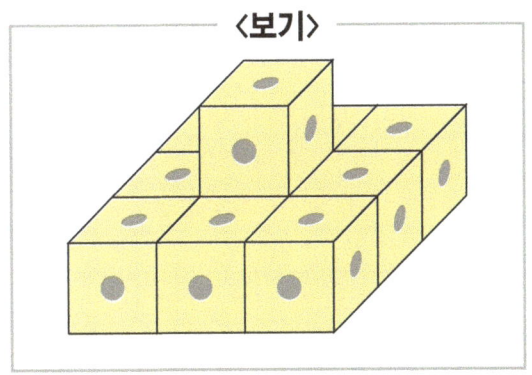

(1) 윗면의 보이는 면의 점의 수 : 9개 ----------------

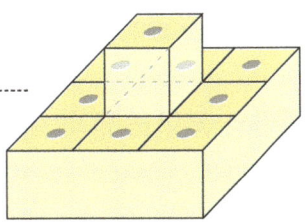

(2) 앞면 · 뒷면의 보이는 면의 점의 수 : 8개 ----------------

3 + 3 + 1 + 1 = 8

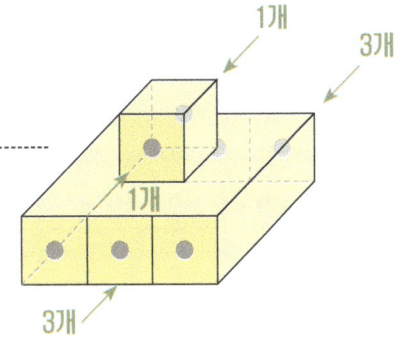

(3) 옆면(오른쪽 · 왼쪽)의 보이는 ----------------
    면의 점의 수 : 8개

3 + 3 + 1 + 1 = 8

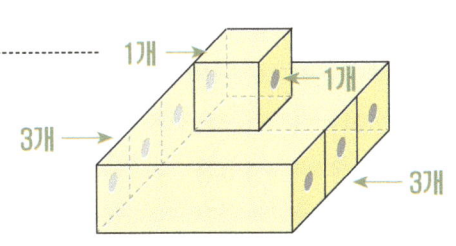

(4) 전체 보이는 면의 점의 수

전체 보이는 면의 점의 수는 = 윗면 + 앞면 · 뒷면 + 옆면 = 9 + 8 + 8 = 25 입니다.

• 아래 쌓기나무의 보이는 면의 점의 수를 세어 봅시다.

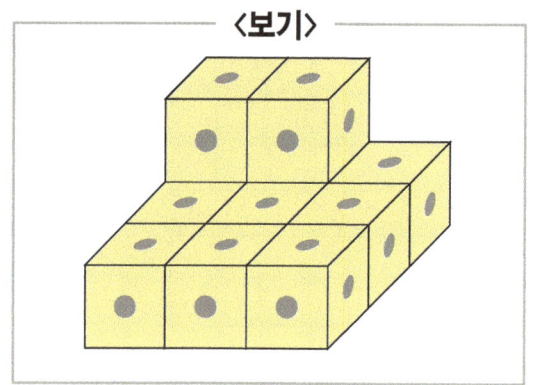

(1) 윗면의 보이는 면의 점의 수 : 9개

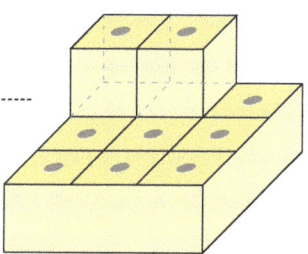

(2) 앞면 · 뒷면의 보이는 면의 점의 수 : 10개
　　 3 + 3 + 2 + 2 = 10

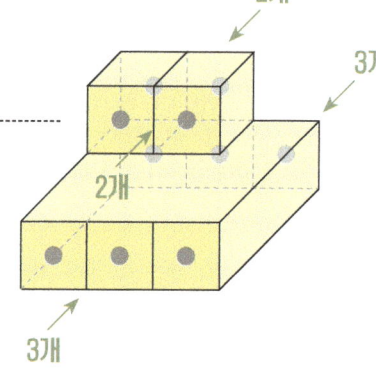

(3) 옆면(오른쪽 · 왼쪽)의
　　 보이는 면의 점의 수 : 8개
　　 3 + 3 + 1 + 1 = 8

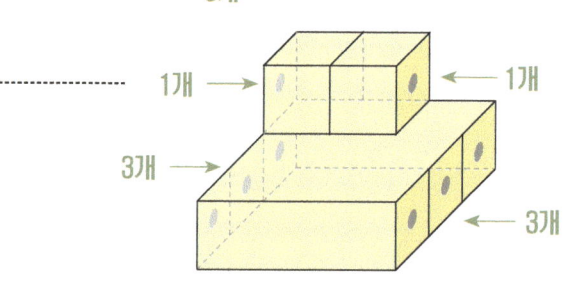

(4) 전체 보이는 보이는 면의 점의 수

전체 보이는 면의 점의 수는 = 윗면 + 앞면 · 뒷면 + 옆면 = 9 + 10 + 8 = 27 입니다.

3. 숨어 있는 쌓기나무가 있을 때의 보이는 면의 점의 개수세기

숨어 있는 쌓기나무가 있을 때의 보이는 면의 점의 수는 먼저 숨어 있는 쌓기나무를 찾은 후 보이는 면이 몇 개인지 파악해야 합니다.

• <보기>의 쌓기나무에서 보이는 면의 점의 수를 세어 봅시다.

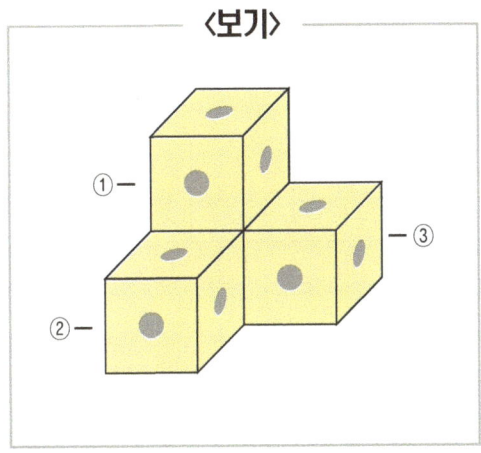

• 먼저, 쌓기나무를 분리하여 숨어 있는 쌓기나무를 찾아 봅시다.

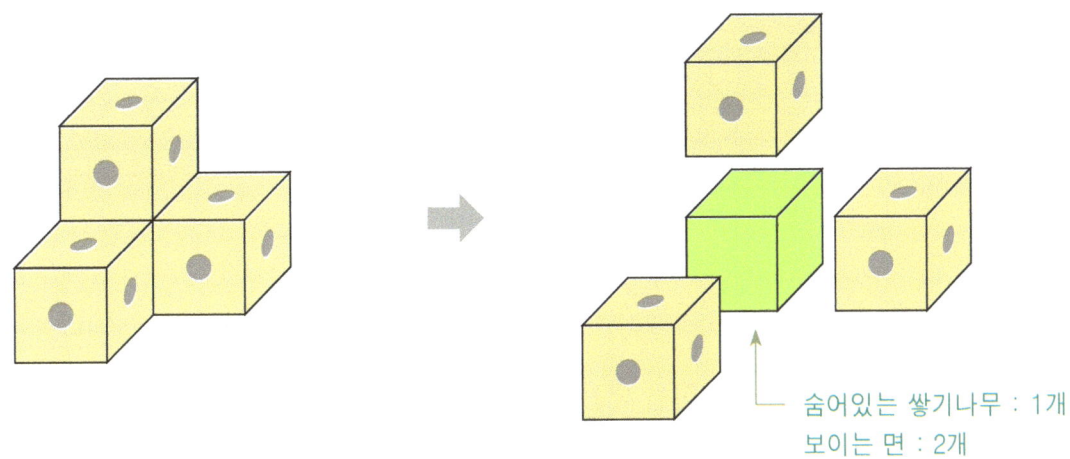

숨어있는 쌓기나무 : 1개
보이는 면 : 2개

숨어 있는 쌓기나무의 보이는 면은 바닥면 1개와 쌓기나무끼리 겹친면 3개를 빼면 2개 입니다. 그러므로 <보기>의 쌓기나무에서 보이는 면의 점의 수는 ①번 쌓기나무 5면, ②번 쌓기나무 4면, ③번 쌓기나무 4면, 숨어있는 쌓기나무 2면으로

5 + 4 + 4 + 2 = 15 입니다.

- <보기>의 쌓기나무에서 보이는 면의 점의 수를 세어 봅시다.

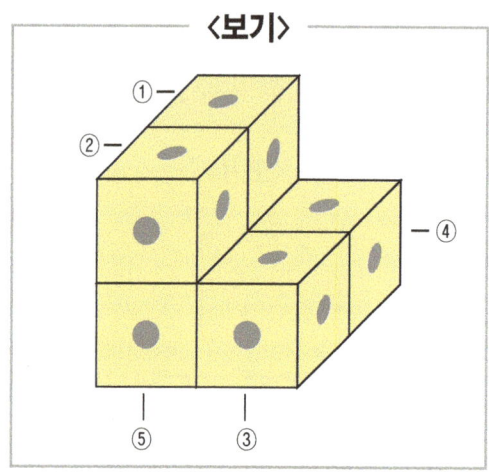

- 먼저, 쌓기나무를 분리하여 숨어있는 쌓기나무를 찾아 봅시다.

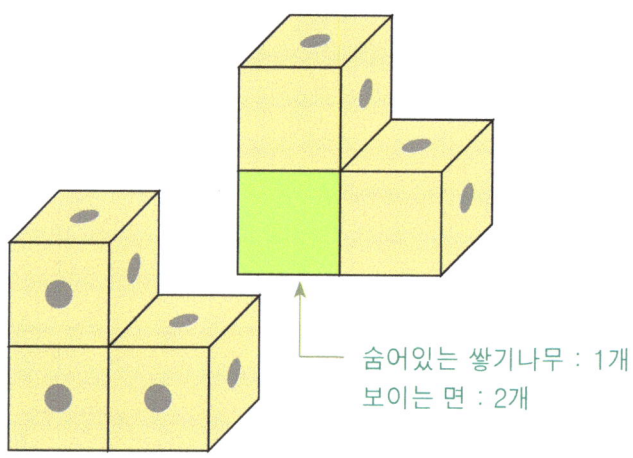

숨어있는 쌓기나무 : 1개
보이는 면 : 2개

숨어있는 쌓기나무의 보이는 면은 바닥면 1개와 쌓기나무끼리 겹친면 3개를 빼면 2개입니다.

①번 ②번 쌓기나무의 보이는 면의 점의 수 : 각각 4
③번 ④번 쌓기나무의 보이는 면의 점의 수 : 각각 3
⑤번과 숨어있는 쌓기나무의 보이는 면의 점의 수 : 각 2
그러므로, <보기> 쌓기나무의 보이는 면의 점의 수는
4 + 4 + 3 + 3 + 2 + 2 = 18 입니다.

• <보기>의 쌓기나무에서 보이는 면의 점의 수를 세어 봅시다.

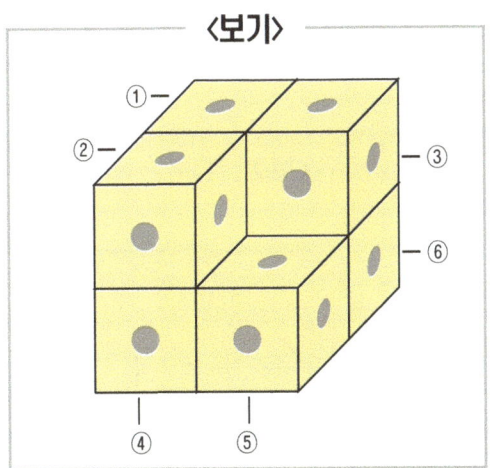

• 먼저, 쌓기나무를 분리하여 숨어있는 쌓기나무를 찾아 봅시다.

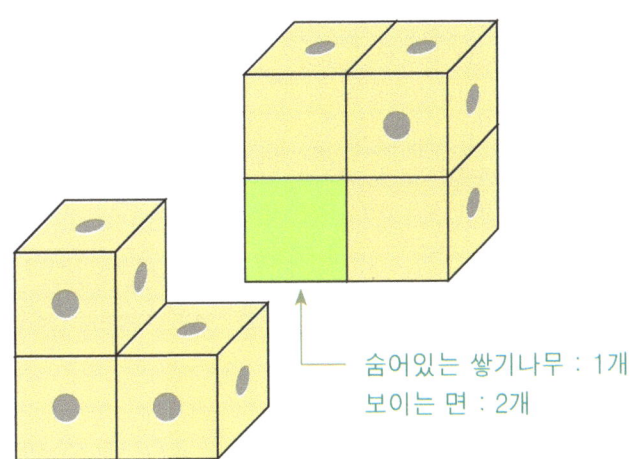

숨어있는 쌓기나무 : 1개
보이는 면 : 2개

숨어있는 쌓기나무의 보이는 면은 바닥면 1개와 쌓기나무끼리 겹친면 3개를 빼면 2개입니다.

①번 ③번 쌓기나무의 보이는 면의 점의 수 : 각각 4
②번 ⑤번 쌓기나무의 보이는 면의 점의 수 : 각각 3
④번과 ⑥번 숨어있는 쌓기나무의 보이는 면의 점의 수 : 각 2
그러므로 <보기> 쌓기나무의 보이는 면의 점의 수는
4 + 4 + 3 + 3 + 2 + 2 + 2 = 20 입니다.

4. 정육면체로 쌓은 쌓기나무의 보이는 면의 점의 수세기

• 정육면체로 쌓은 쌓기나무의 보이는 면의 점의 수를 세어 봅시다.

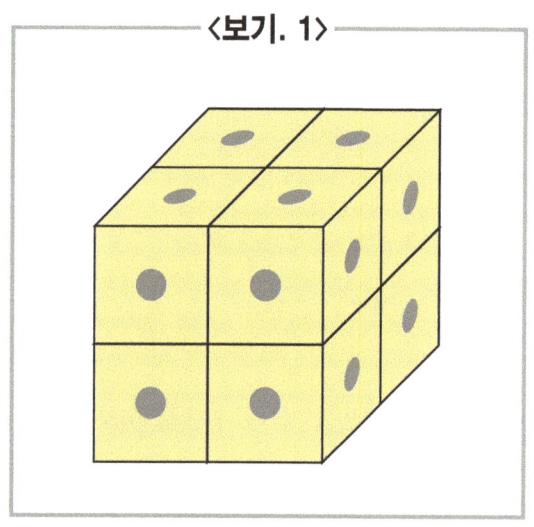

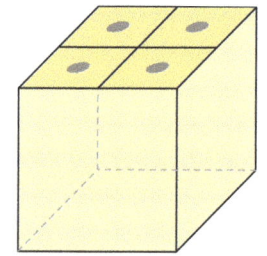 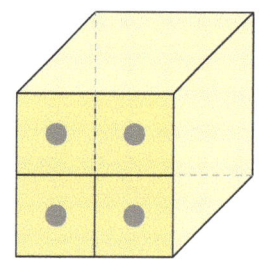 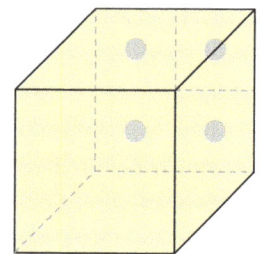 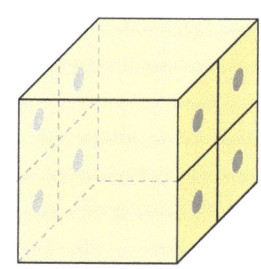

정육면체는 바닥면을 빼면 5개의 면이 남습니다.
각각의 면에 4개씩 보이는 면이 있으므로 <보기> 쌓기나무의
보이는 면의 점의 수는 **4 + 4 + 4 + 4 + 4 = 20** 입니다.

전략 학습 게임 시리즈

쌓기나무와 보이는 면의 점의 개수세기

문제유형

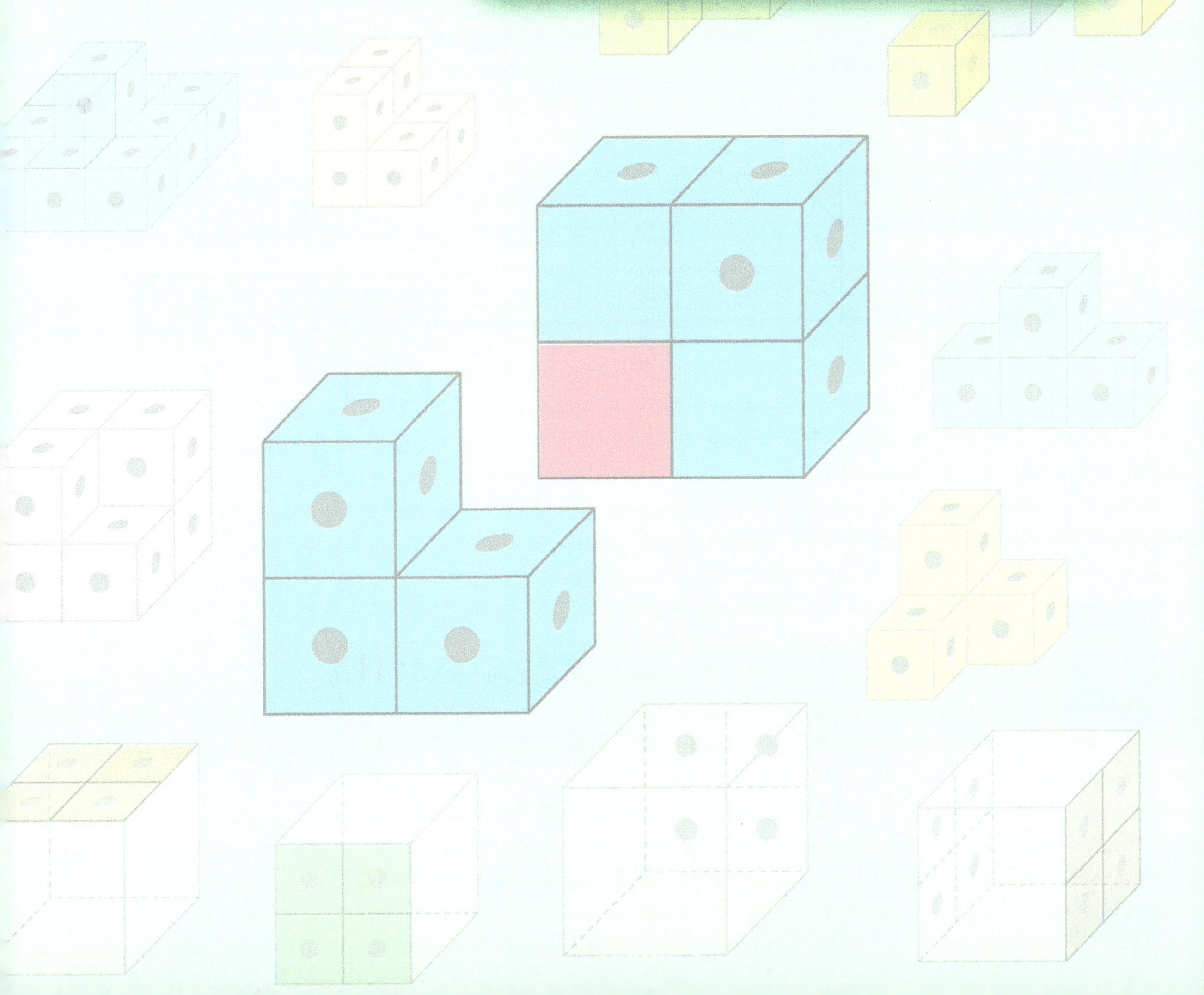

■ 아래 쌓기나무의 보이는 면의 점의 수를 세어 보세요.

(밑면과 쌓기나무끼리 겹친면은 세지 않습니다.)

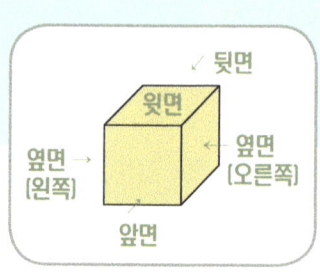

[1]

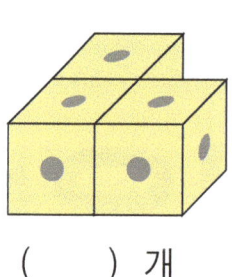

( ) 개

[2]

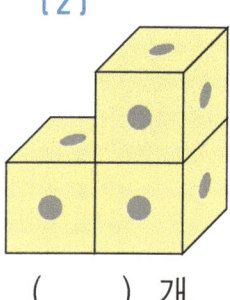

( ) 개

[3]

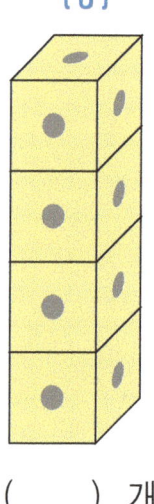

( ) 개

[4]

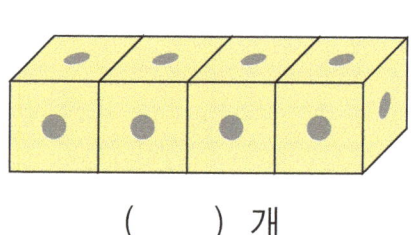

( ) 개

해답예시

[1] 윗면 + 앞면·뒷면 + 옆면 = 3+4+4 = **11개**

[2] 윗면 + 앞면·뒷면 + 옆면 = 2+6+4 = **12개**

[3] 윗면 + 앞면·뒷면 + 옆면 = 1+8+8 = **17개**

[4] 윗면 + 앞면·뒷면 + 옆면 = 4+8+2 = **14개**

■ 아래 쌓기나무의 보이는 면의 점의 수를 세어 보세요.

[1]

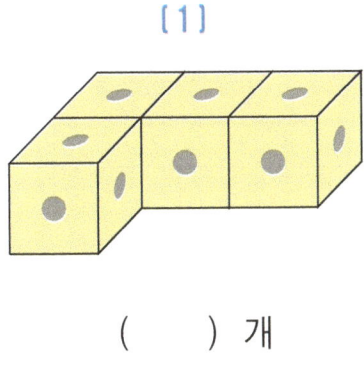

( ) 개

[2]

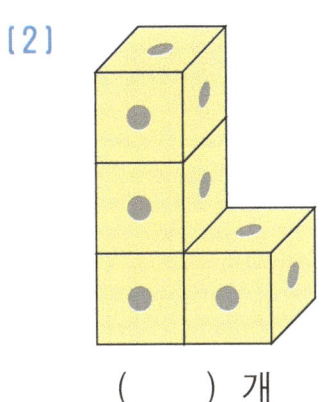

( ) 개

[3]

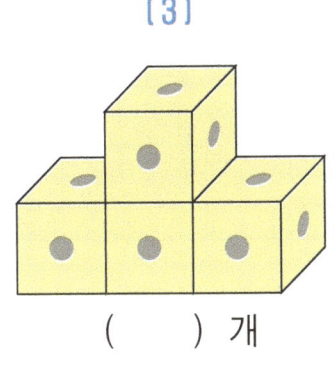

( ) 개

[4]

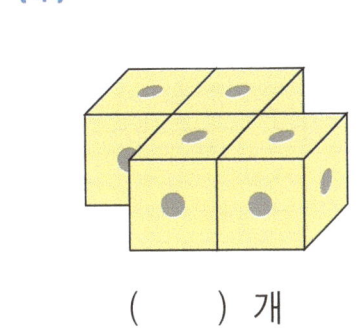

( ) 개

해답예시

[1] 윗면 + 앞면·뒷면 + 옆면 = 4+6+4 = **14개**

[2] 윗면 + 앞면·뒷면 + 옆면 = 2+8+6 = **16개**

[3] 윗면 + 앞면·뒷면 + 옆면 = 3+8+4 = **15개**

[4] 윗면 + 앞면·뒷면 + 옆면 = 4+6+4 = **14개**

■ 아래 쌓기나무의 보이는 면의 점의 수를 세어 보세요.

[1]

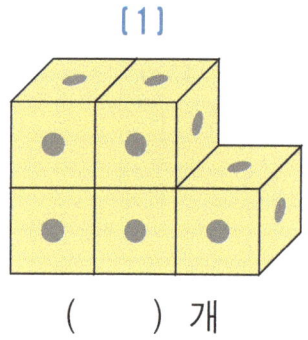

(   )개

[2]

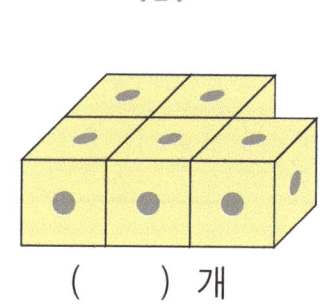

(   )개

[3]

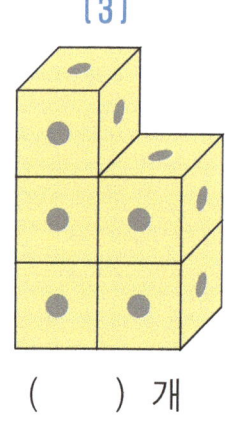

(   )개

[4]

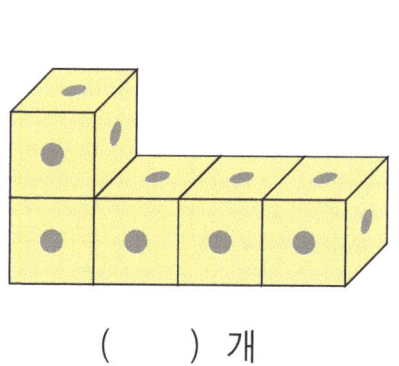

(   )개

해답예시

[1] 윗면 + 앞면·뒷면 + 옆면 = 3+10+4 = **17개**

[2] 윗면 + 앞면·뒷면 + 옆면 = 5+6+4 = **15개**

[3] 윗면 + 앞면·뒷면 + 옆면 = 2+10+6 = **18개**

[4] 윗면 + 앞면·뒷면 + 옆면 = 4+10+4 = **18개**

■ 아래 쌓기나무의 보이는 면의 점의 수를 세어 보세요.

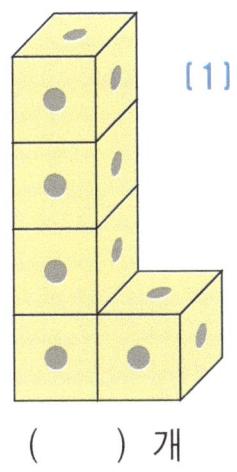 (1)

( ) 개

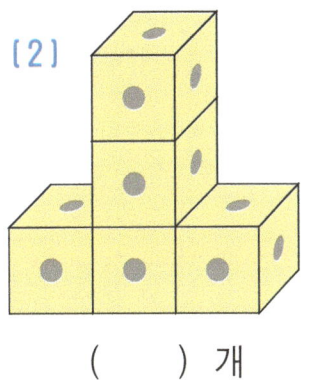 (2)

( ) 개

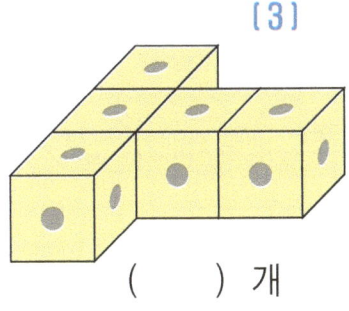 (3)

( ) 개

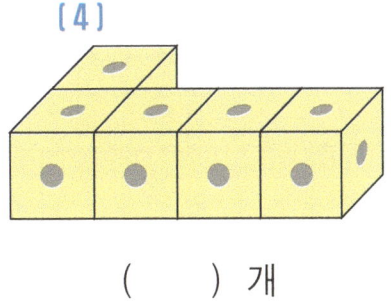 (4)

( ) 개

해답예시

(1) 윗면 + 앞면·뒷면 + 옆면 = 2+10+8 = **20개**

(2) 윗면 + 앞면·뒷면 + 옆면 = 3+10+6 = **19개**

(3) 윗면 + 앞면·뒷면 + 옆면 = 5+6+6 = **17개**

(4) 윗면 + 앞면·뒷면 + 옆면 = 5+8+4 = **17개**

■ 아래 쌓기나무의 보이는 면의 점의 수를 세어 보세요.

〔1〕

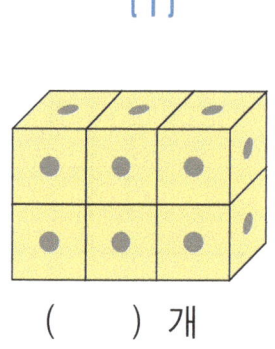

(　) 개

〔2〕

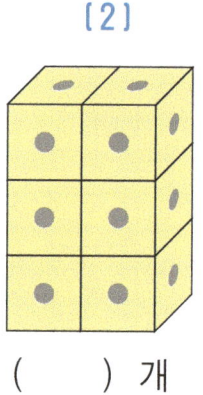

(　) 개

〔3〕

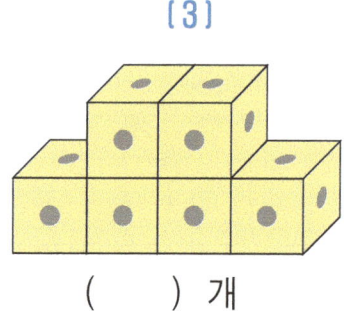

(　) 개

〔4〕

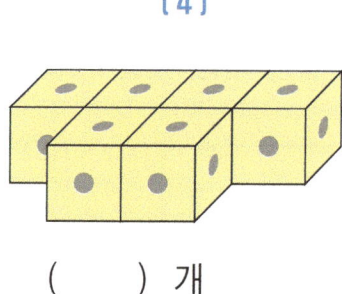

(　) 개

해답예시

〔1〕 윗면 + 앞면·뒷면 + 옆면 = 3+12+4 = **19개**

〔2〕 윗면 + 앞면·뒷면 + 옆면 = 2+12+6 = **20개**

〔3〕 윗면 + 앞면·뒷면 + 옆면 = 4+12+4 = **20개**

〔4〕 윗면 + 앞면·뒷면 + 옆면 = 6+8+4 = **18개**

■ 아래 쌓기나무의 보이는 면의 점의 수를 세어 보세요.

〔1〕

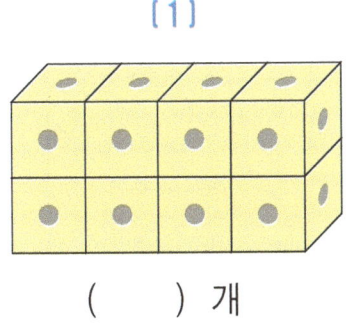

( ) 개

〔2〕

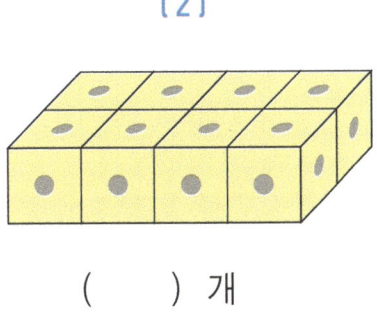

( ) 개

〔3〕

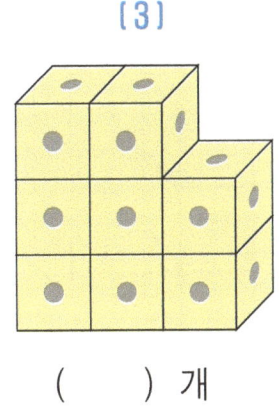

( ) 개

〔4〕

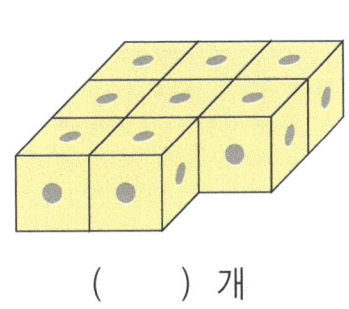

( ) 개

해답예시

〔1〕 윗면 + 앞면·뒷면 + 옆면 = 4 + 16 + 4 = **24개**

〔2〕 윗면 + 앞면·뒷면 + 옆면 = 8 + 8 + 4 = **20개**

〔3〕 윗면 + 앞면·뒷면 + 옆면 = 3 + 16 + 6 = **25개**

〔4〕 윗면 + 앞면·뒷면 + 옆면 = 8 + 6 + 6 = **20개**

■ 아래 쌓기나무의 보이는 면의 점의 수를 세어 보세요.

[1]

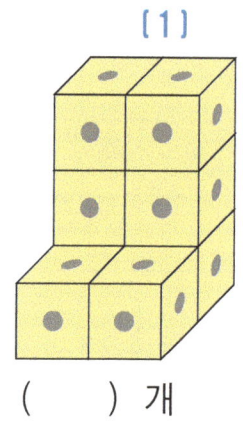

( ) 개

[2]

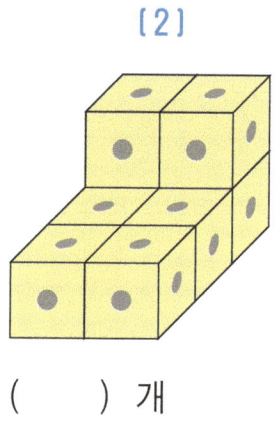

( ) 개

[3]

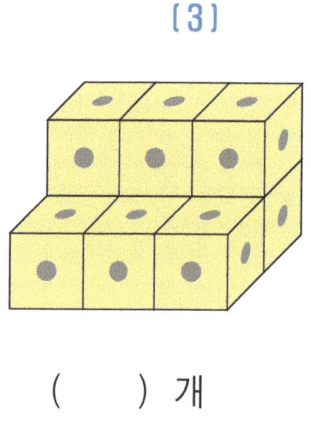

( ) 개

[4]

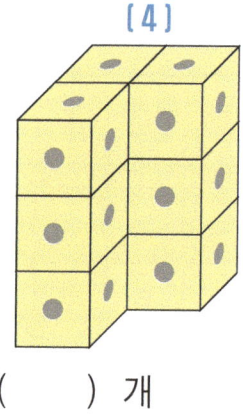

( ) 개

해답예시

[1] 윗면 + 앞면·뒷면 + 옆면 = 4+12+8 = **24**개

[2] 윗면 + 앞면·뒷면 + 옆면 = 6+8+8 = **22**개

[3] 윗면 + 앞면·뒷면 + 옆면 = 6+12+6 = **24**개

[4] 윗면 + 앞면·뒷면 + 옆면 = 3+12+12 = **27**개

■ 아래 쌓기나무의 보이는 면의 점의 수를 세어 보세요.

[1]

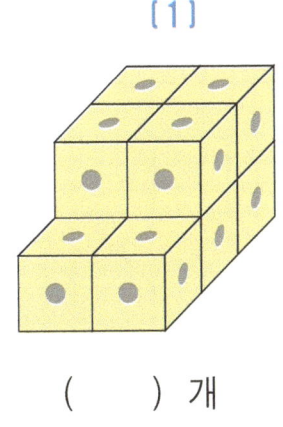

( ) 개

[2]

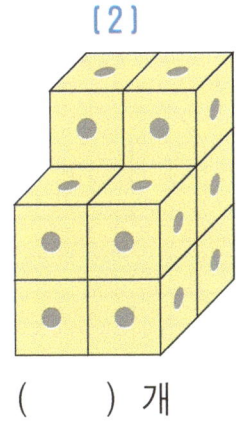

( ) 개

[3]

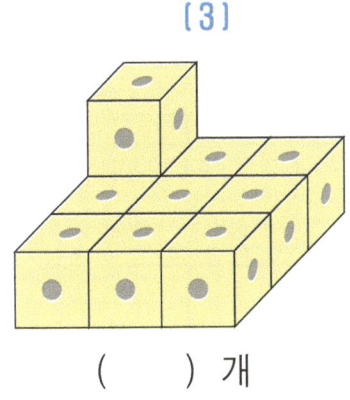

( ) 개

[4]

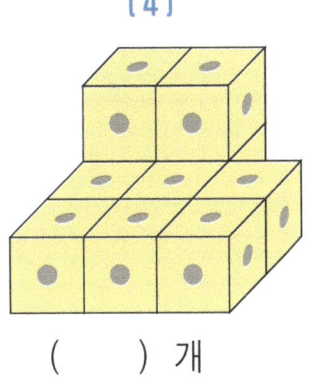

( ) 개

해답예시

[1] 윗면 + 앞면·뒷면 + 옆면 = 6+8+10 = **24개**

[2] 윗면 + 앞면·뒷면 + 옆면 = 4+12+10 = **26개**

[3] 윗면 + 앞면·뒷면 + 옆면 = 9+8+8 = **25개**

[4] 윗면 + 앞면·뒷면 + 옆면 = 8+10+8 = **26개**

■ 아래 쌓기나무의 보이는 면의 점의 수를 세어 보세요.

[1]

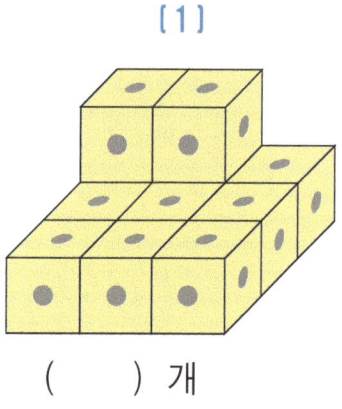

(   ) 개

[2]

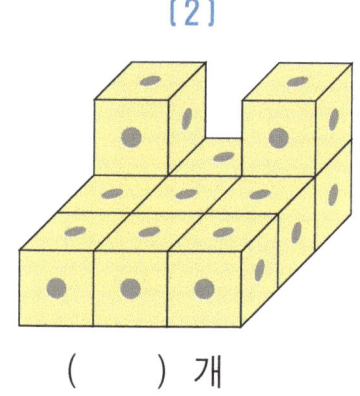

(   ) 개

[3]

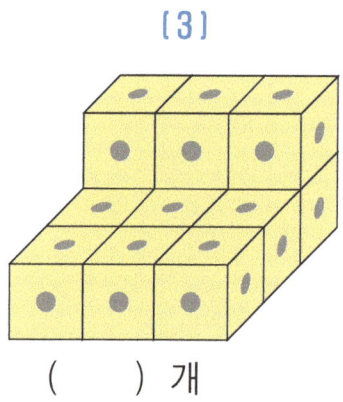

(   ) 개

[4]

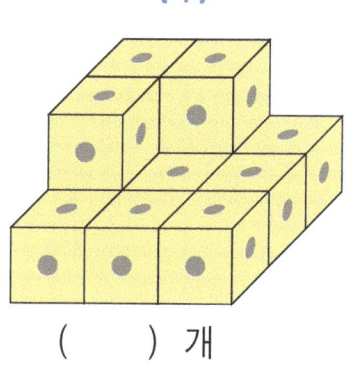

(   ) 개

해답예시	
	[1] 윗면 + 앞면·뒷면 + 옆면 = 9 + 10 + 8 = **27개**
	[2] 윗면 + 앞면·뒷면 + 옆면 = 9 + 10 + 10 = **29개**
	[3] 윗면 + 앞면·뒷면 + 옆면 = 9 + 12 + 8 = **29개**
	[4] 윗면 + 앞면·뒷면 + 옆면 = 9 + 10 + 10 = **29개**

■ 아래 쌓기나무의 보이는 면의 점의 수를 세어 보세요.

[1]

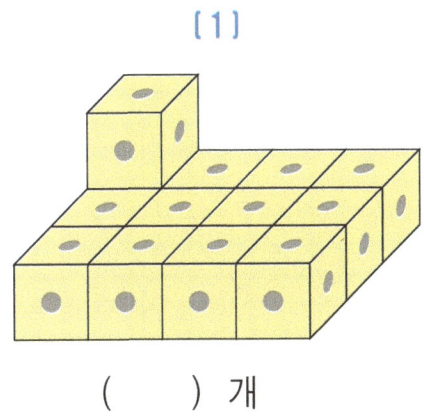

( ) 개

[2]

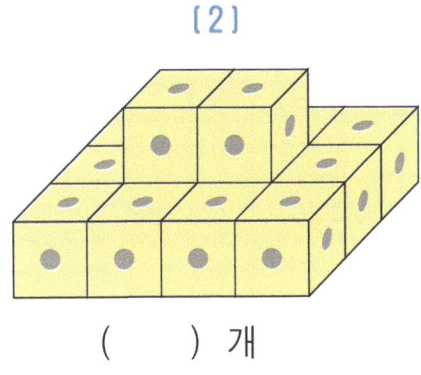

( ) 개

[1] 윗면 + 앞면 · 뒷면 + 옆면 = 12 + 10 + 8 = **30개**

[2] 윗면 + 앞면 · 뒷면 + 옆면 = 12 + 12 + 8 = **32개**

■ 아래 쌓기나무의 보이는 면의 점의 수를 세어 보세요.

[1]

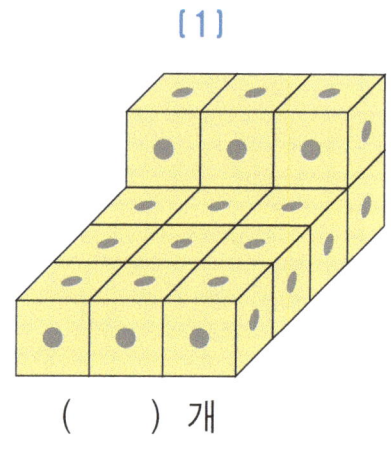

(   ) 개

[2]

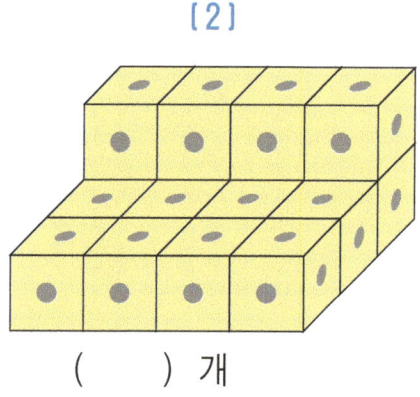

(   ) 개

해답예시

[1] 윗면 + 앞면·뒷면 + 옆면 = 12 + 12 + 10 = **34** 개

[2] 윗면 + 앞면·뒷면 + 옆면 = 12 + 16 + 8 = **36** 개

■ 아래 쌓기나무의 보이는 면의 점의 수를 세어 보세요.

[1]

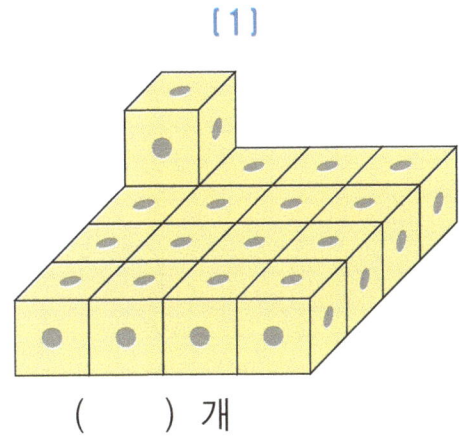

( ) 개

[2]

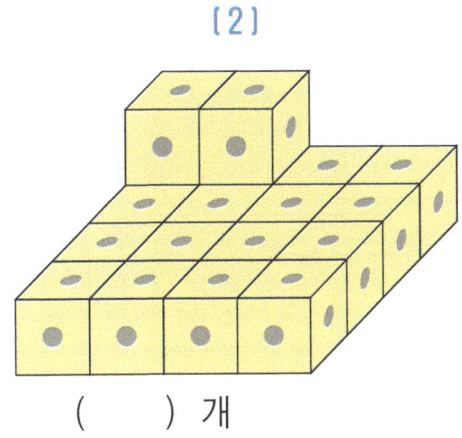

( ) 개

[1] 윗면 + 앞면 · 뒷면 + 옆면 = 16 + 10 + 10 = **36개**

[2] 윗면 + 앞면 · 뒷면 + 옆면 = 16 + 12 + 10 = **38개**

■ 아래 쌓기나무의 보이는 면의 점의 수를 세어 보세요.

[1]

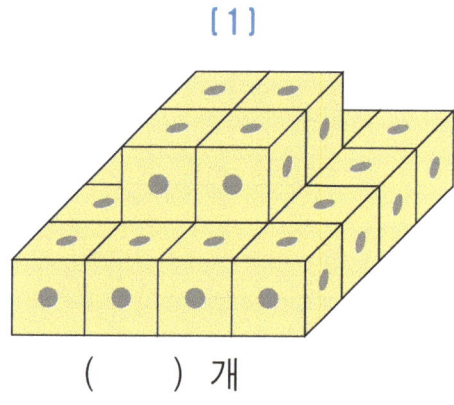

( ) 개

[2]

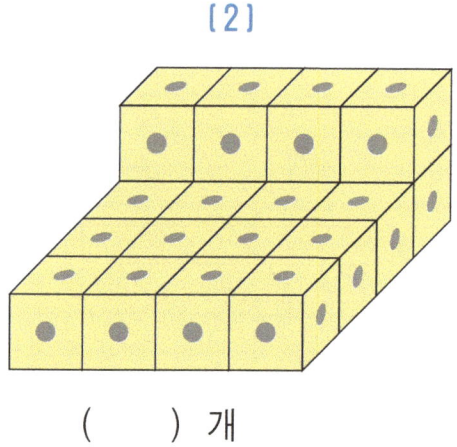

( ) 개

[1] 윗면 + 앞면·뒷면 + 옆면 = 16 + 12 + 12 = **40**개

[2] 윗면 + 앞면·뒷면 + 옆면 = 16 + 16 + 10 = **42**개

■ 아래 쌓기나무의 보이는 면의 점의 수를 세어 보세요.

〔1〕

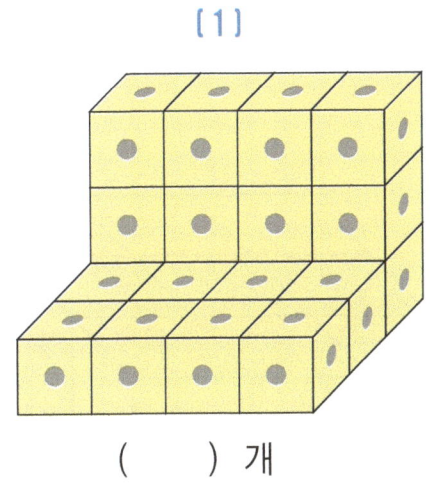

(   ) 개

〔2〕

(   ) 개

〔1〕 윗면 + 앞면 · 뒷면 + 옆면 = 12 + 24 + 10 = **46개**

〔2〕 윗면 + 앞면 · 뒷면 + 옆면 = 8 + 24 + 10 = **42개**

■ 아래 쌓기나무의 보이는 면의 점의 수를 세어 보세요.

[1]

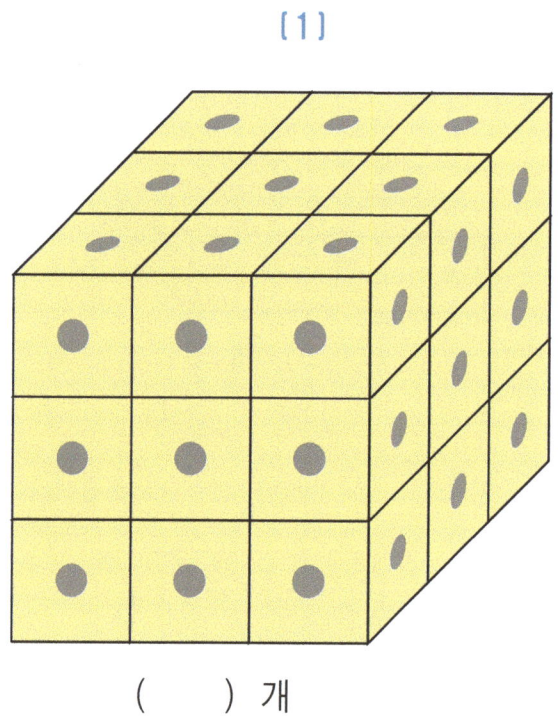

(   )개

[1] 윗면 + 앞면 + 뒷면 + 옆면 + 옆면 = 9 + 9 + 9 + 9 + 9 = **45개**

쌓기나무와 모양익히기

1. 위·앞·옆에서 본 모양 익히기

쌓기나무의 위·앞·옆면의 색을 다르게 주어 바라본 방향에서 보이는 모양을 관찰해 봅시다.

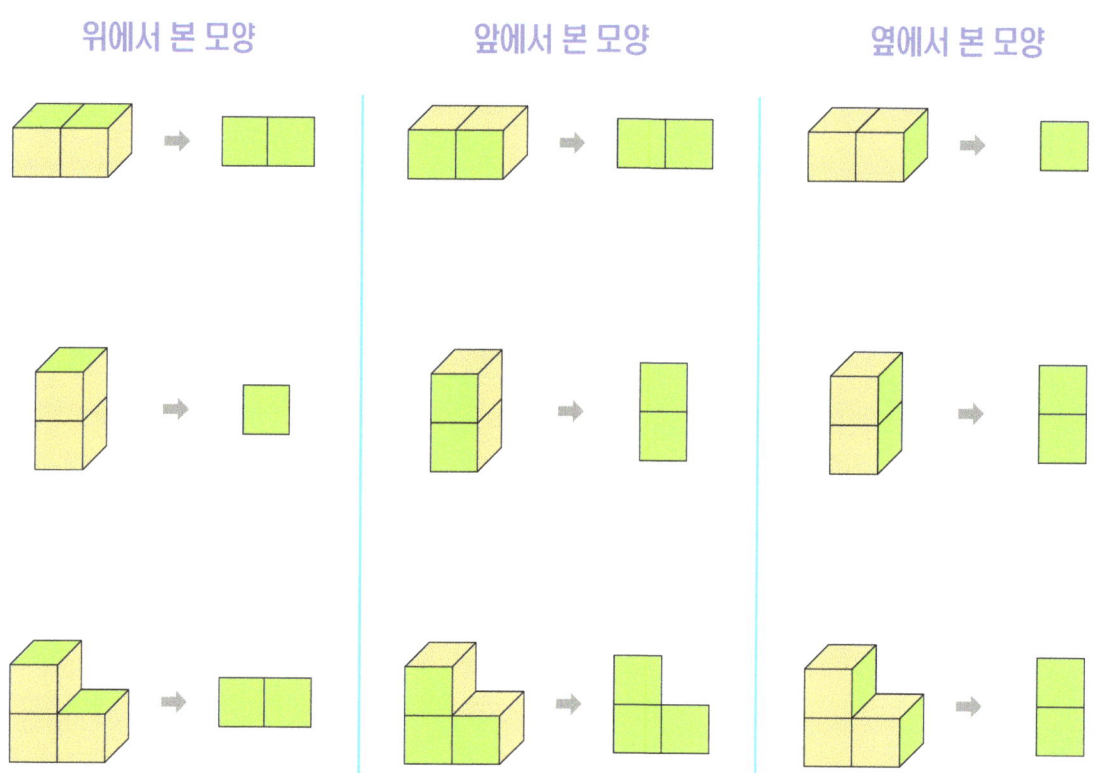

☞ 쌓기나무는 쌓은 모양은 다르지만 바라본 방향에 따라 서로 같은 모양이 나올 수 있습니다.

• 위에서 본 모양은 높이를 구별할 수 없으나 가로줄의 수를 알 수 있습니다.
• 앞에선 본 모양은 높이와 가로줄의 수를 알 수 있습니다.
• 옆에서 본 모양은 높이와 세로줄의 수를 알 수 있습니다.

(1) 위에서 본 모양이 같도록 쌓기

위에서 본 모양이 〈보기〉와 같도록 쌓은 모양을 관찰해 봅시다.

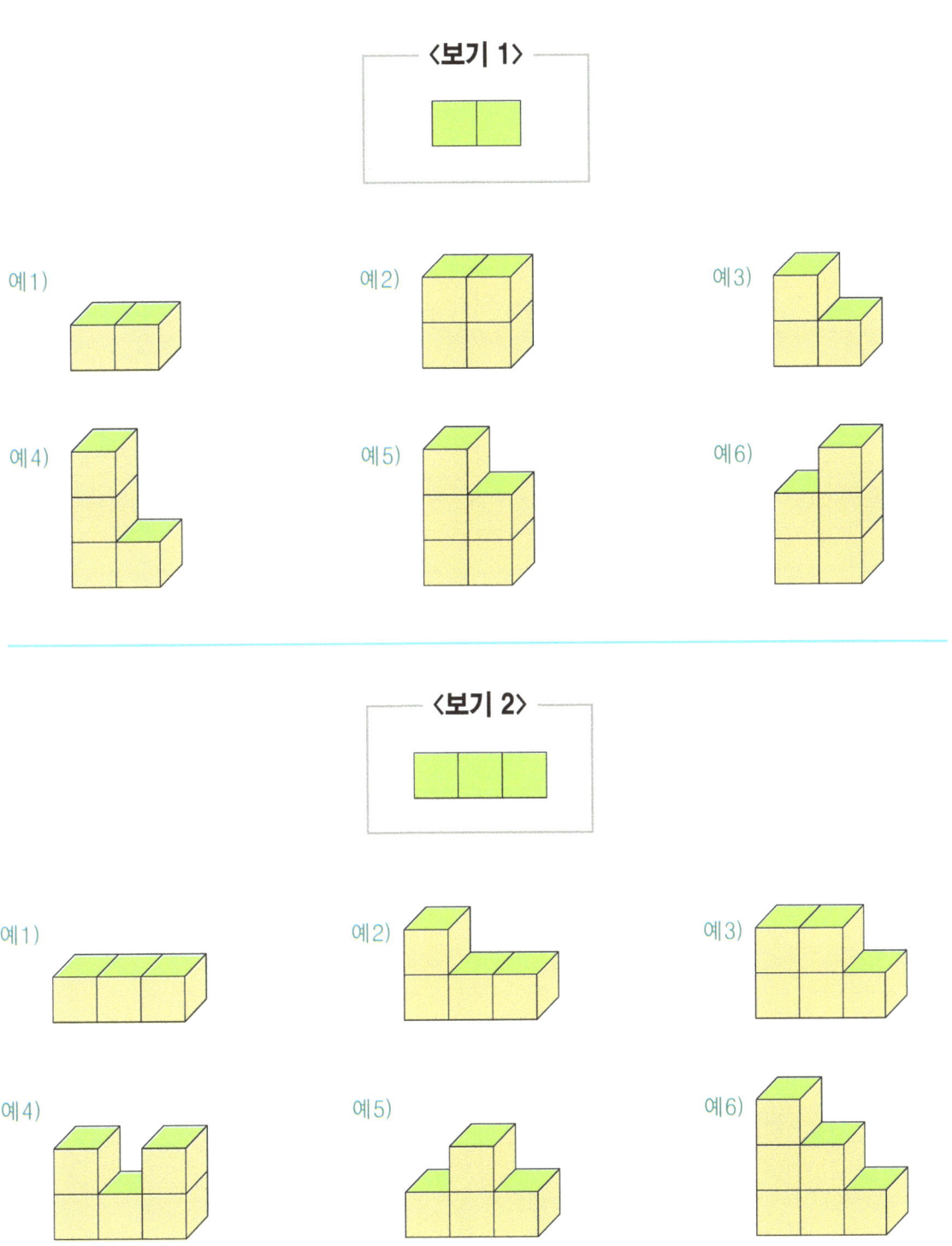

 높이와 서로 쌓은 모양은 다르지만, 위에서 본 모양은 모두 같습니다.

위에서 본 모양이 <보기>와 같도록 쌓은 모양을 관찰해 봅시다.

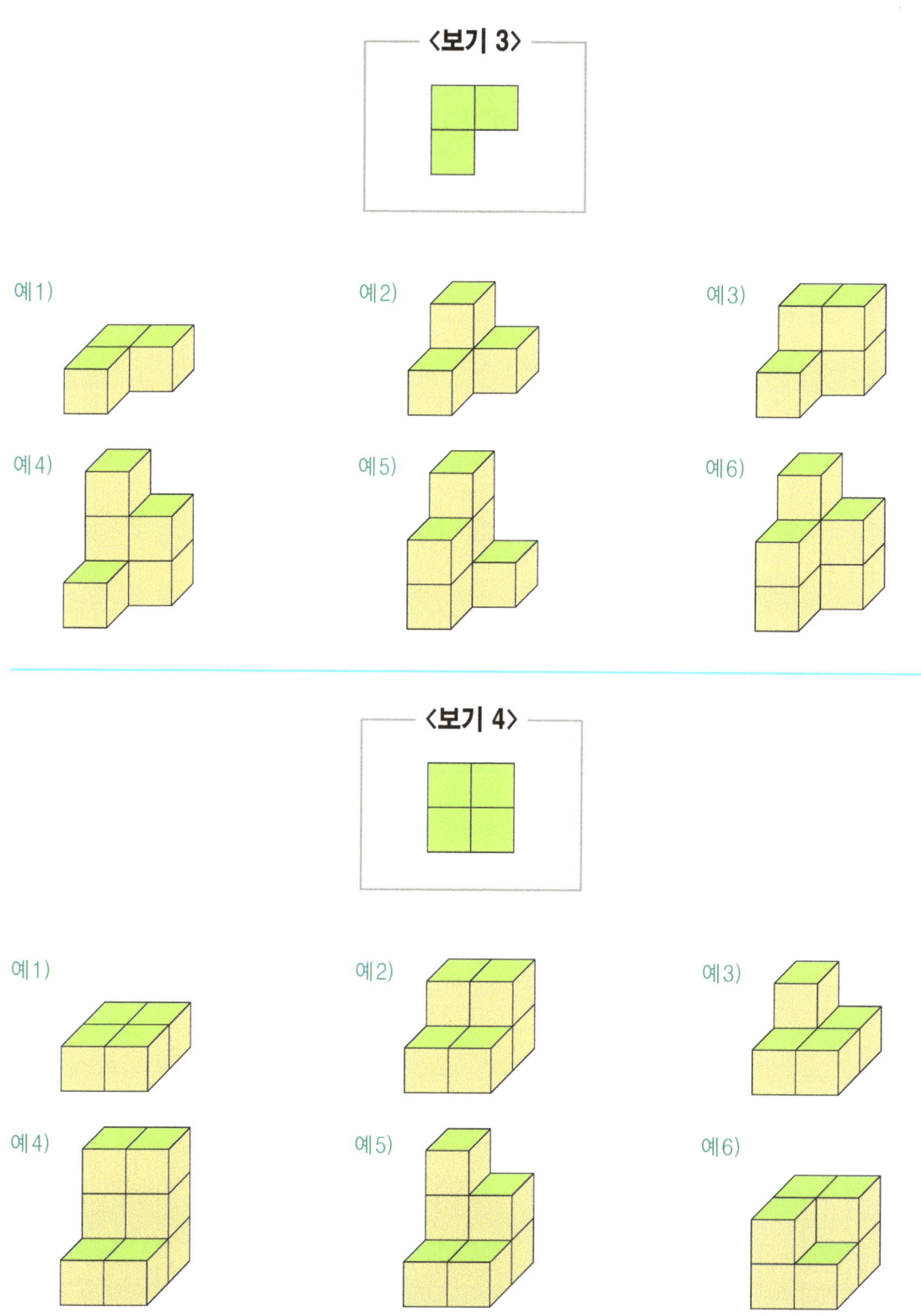

☞ 높이와 서로 쌓은 모양은 다르지만, 위에서 본 모양은 모두 같습니다.

(2) 앞에서 본 모양이 같도록 쌓기

앞에서 본 모양이 〈보기〉와 같도록 쌓은 모양을 관찰해 봅시다.

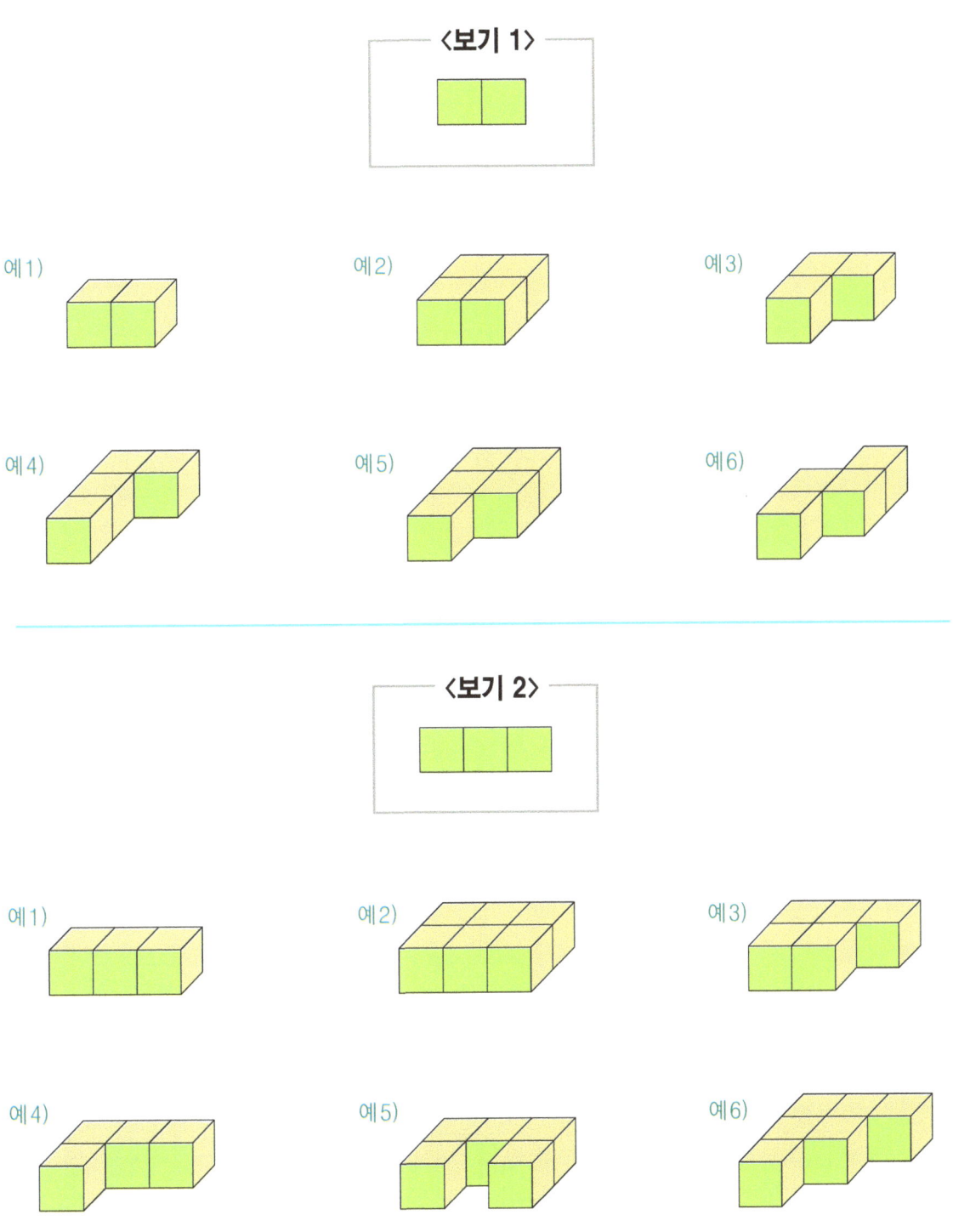

앞에서 본 모양이 1층이면 쌓은 모양은 서로 다르지만 모두 1층입니다.

앞에서 본 모양이 〈보기〉와 같도록 쌓은 모양을 관찰해 봅시다.

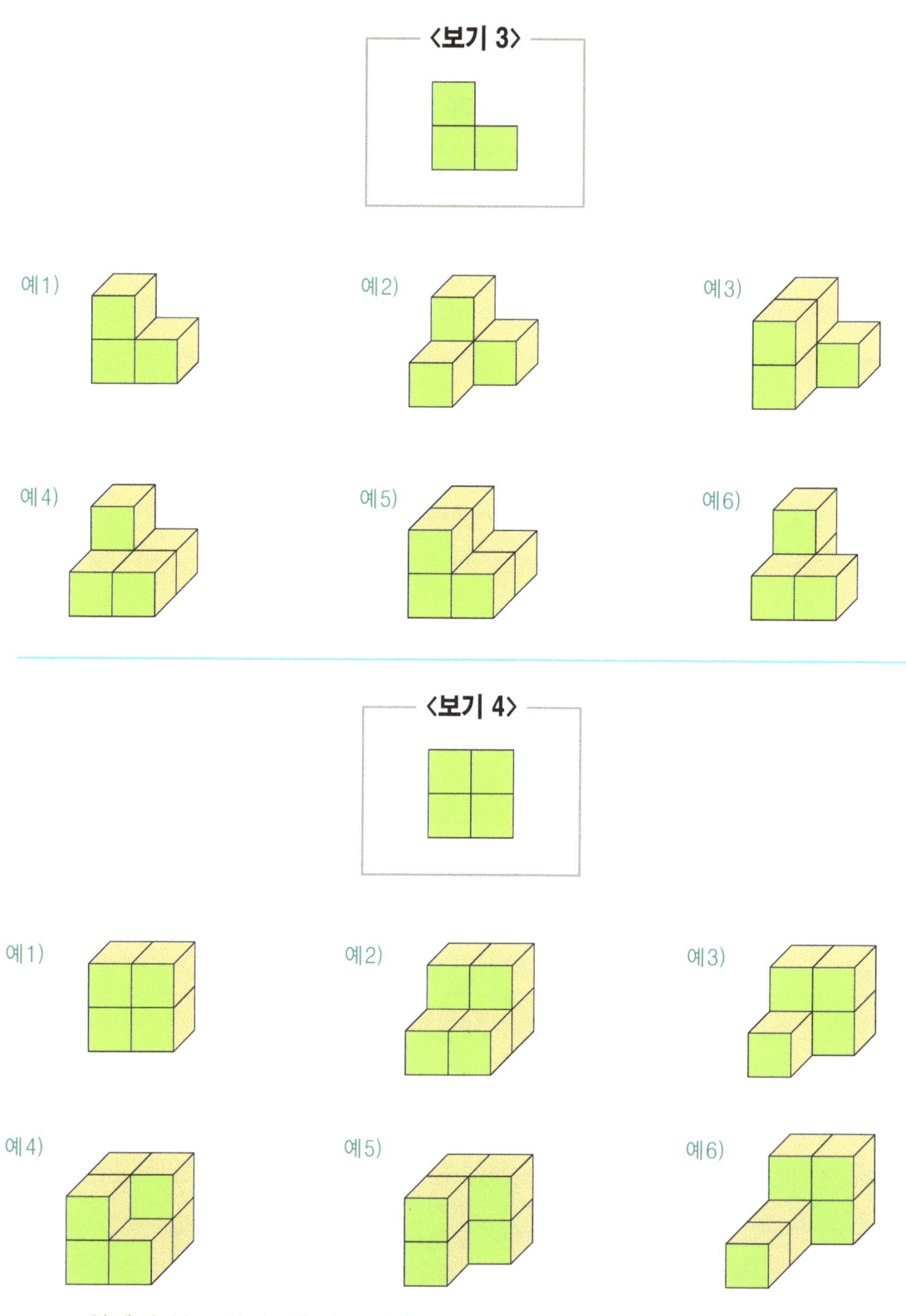

☞ 앞에서 본 모양이 2층이면 쌓은 모양은 서로 다르지만 모두 2층입니다.

(3) 옆에서 본 모양이 같도록 쌓기

옆에서 본 모양이 <보기>와 같도록 쌓아 봅시다.

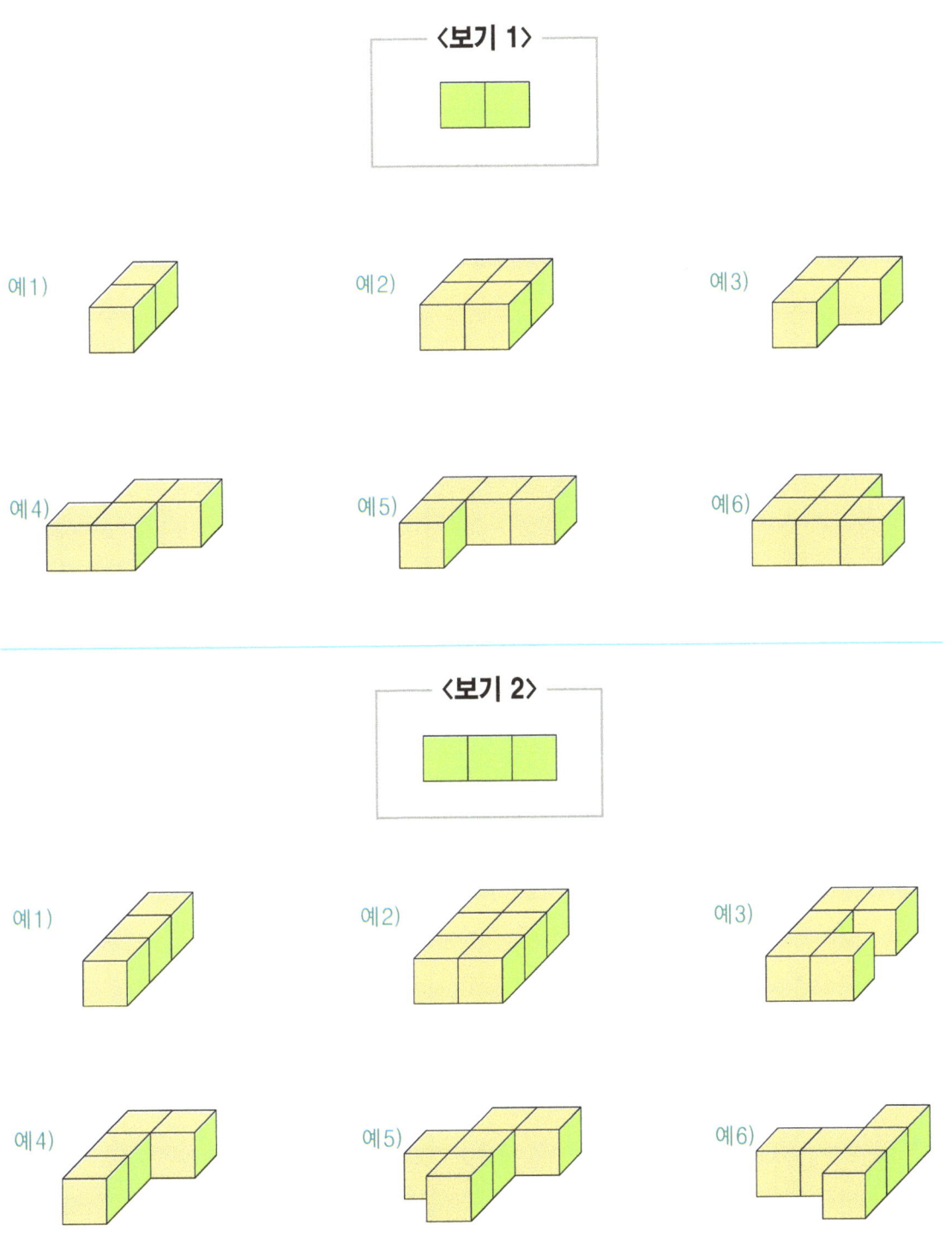

옆에서 본 모양이 1층이면 쌓은 모양은 서로 다르지만 모두 1층입니다.

옆에서 본 모양이 <보기>와 같도록 쌓은 모양을 관찰해 봅시다.

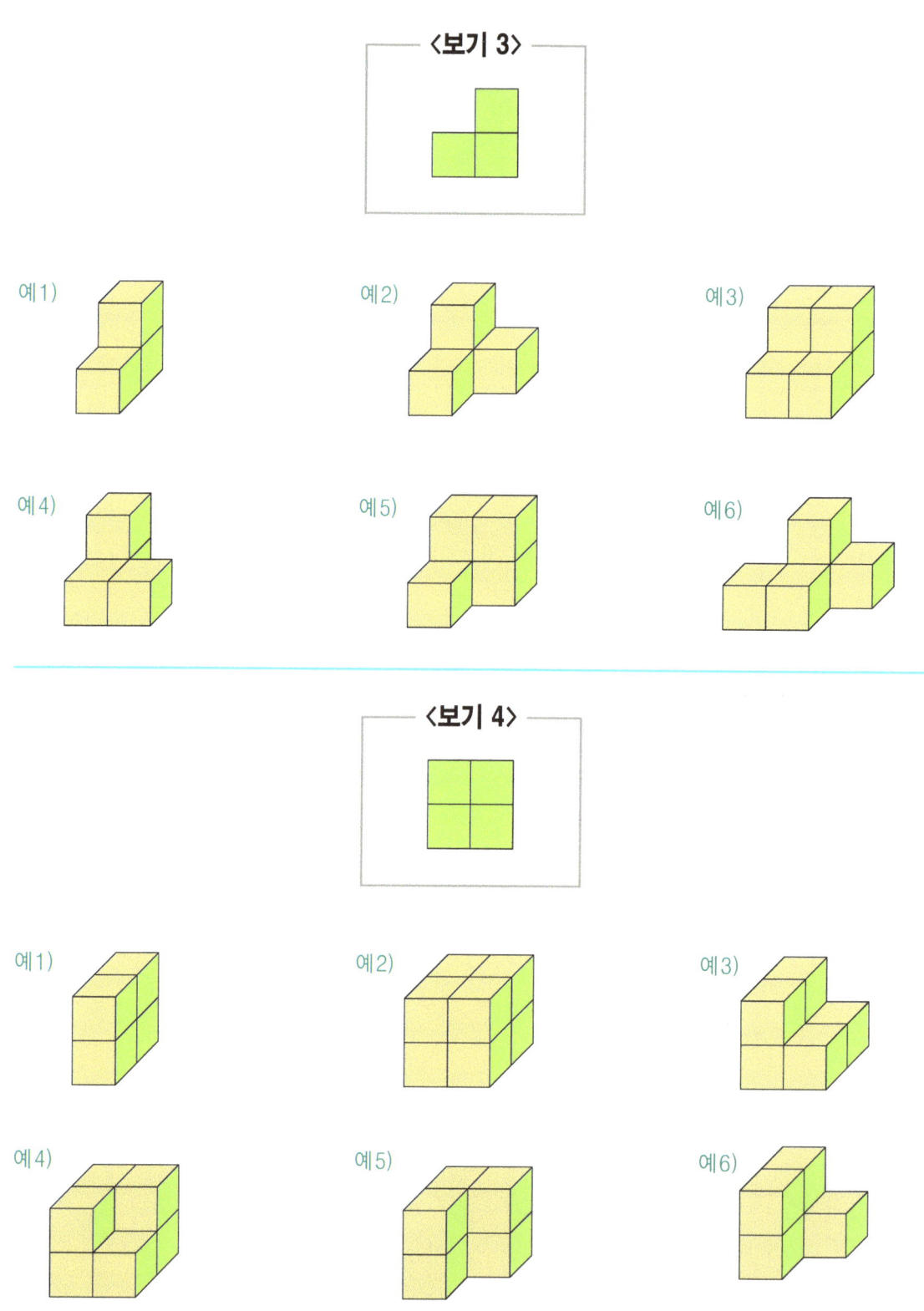

☞ 옆에서 본 모양이 2층이면 쌓은 모양은 서로 다르지만 모두 2층입니다.

(4) 위·앞·옆에서 본 모양이 같도록 쌓기

위·앞·옆에서 본 모양이 모두 같도록 쌓은 모양을 관찰해 봅시다.

2. 모양 보고 쌓기나무 만들기

(1) 1층으로 쌓은 쌓기나무

위·앞·옆에서 본 모양을 보고 쌓은 쌓기나무를 관찰해 봅시다.

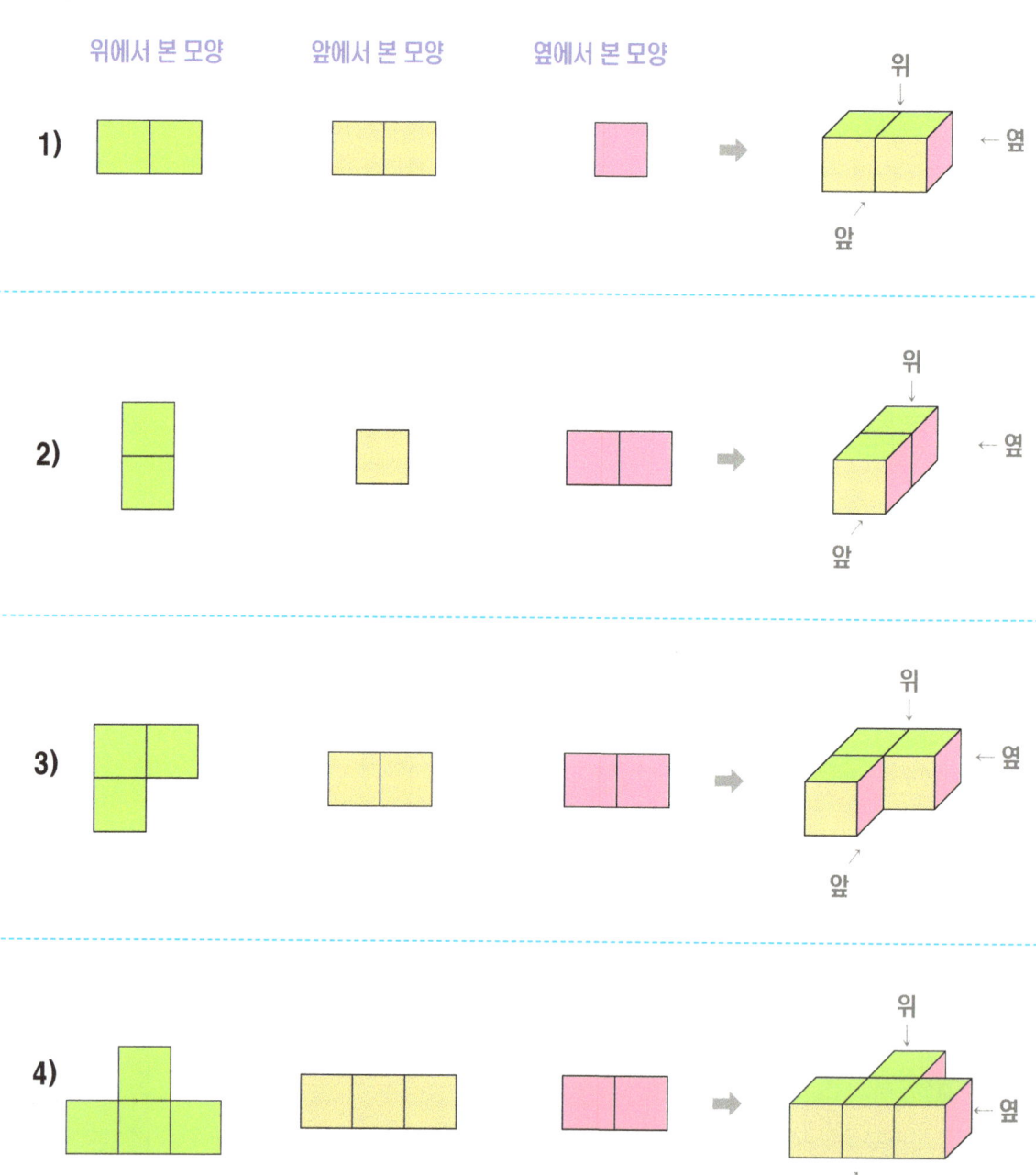

(2) 2층으로 쌓은 쌓기나무

위·앞·옆에서 본 모양을 보고 쌓은 쌓기나무를 관찰해 봅시다.

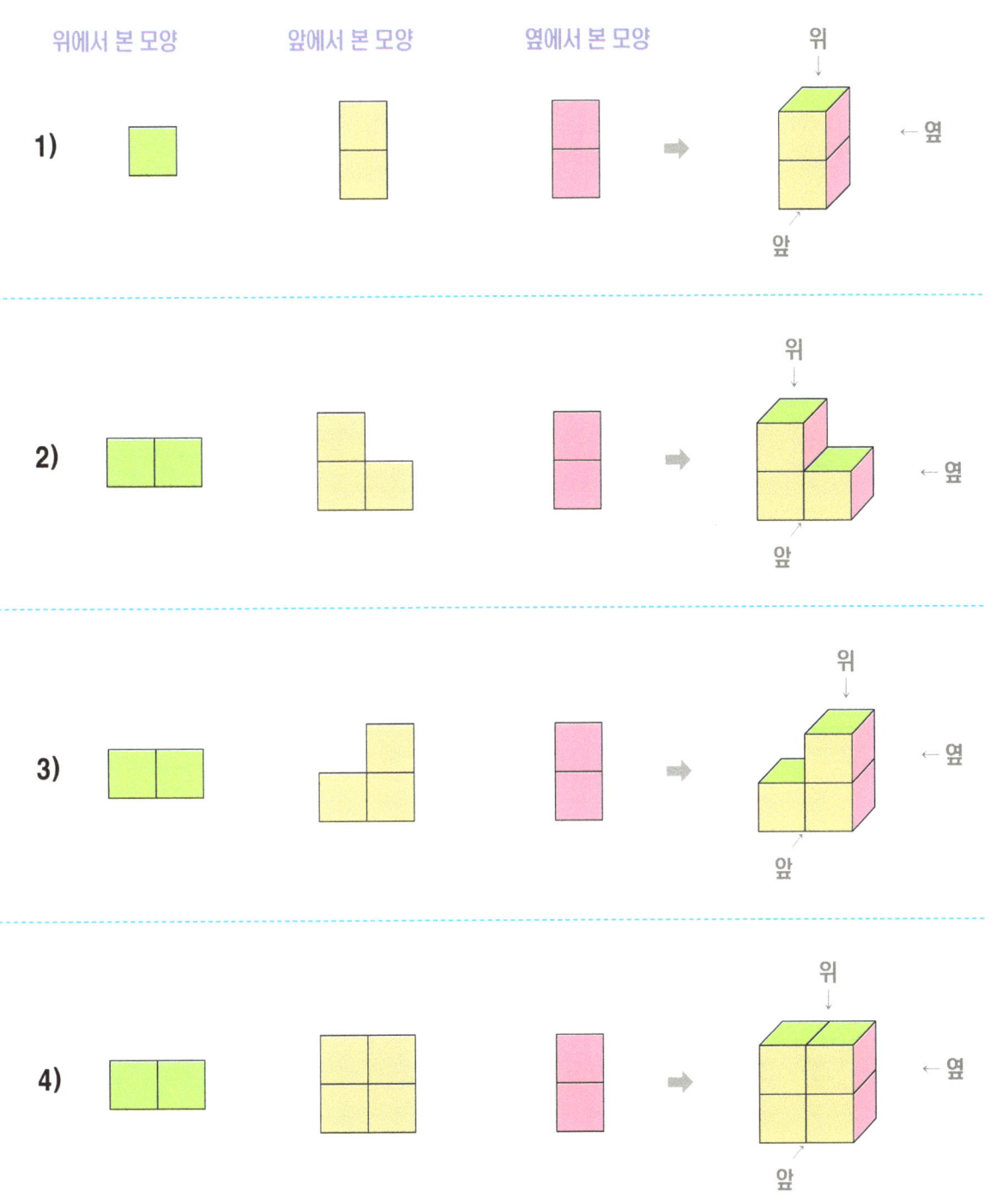

앞과 옆에서 본 모양을 보면 위로 몇 층이 쌓였는지 알 수 있습니다.

(2) 2층으로 쌓은 쌓기나무

위·앞·옆에서 본 모양을 보고 쌓은 쌓기나무를 관찰해 봅시다.

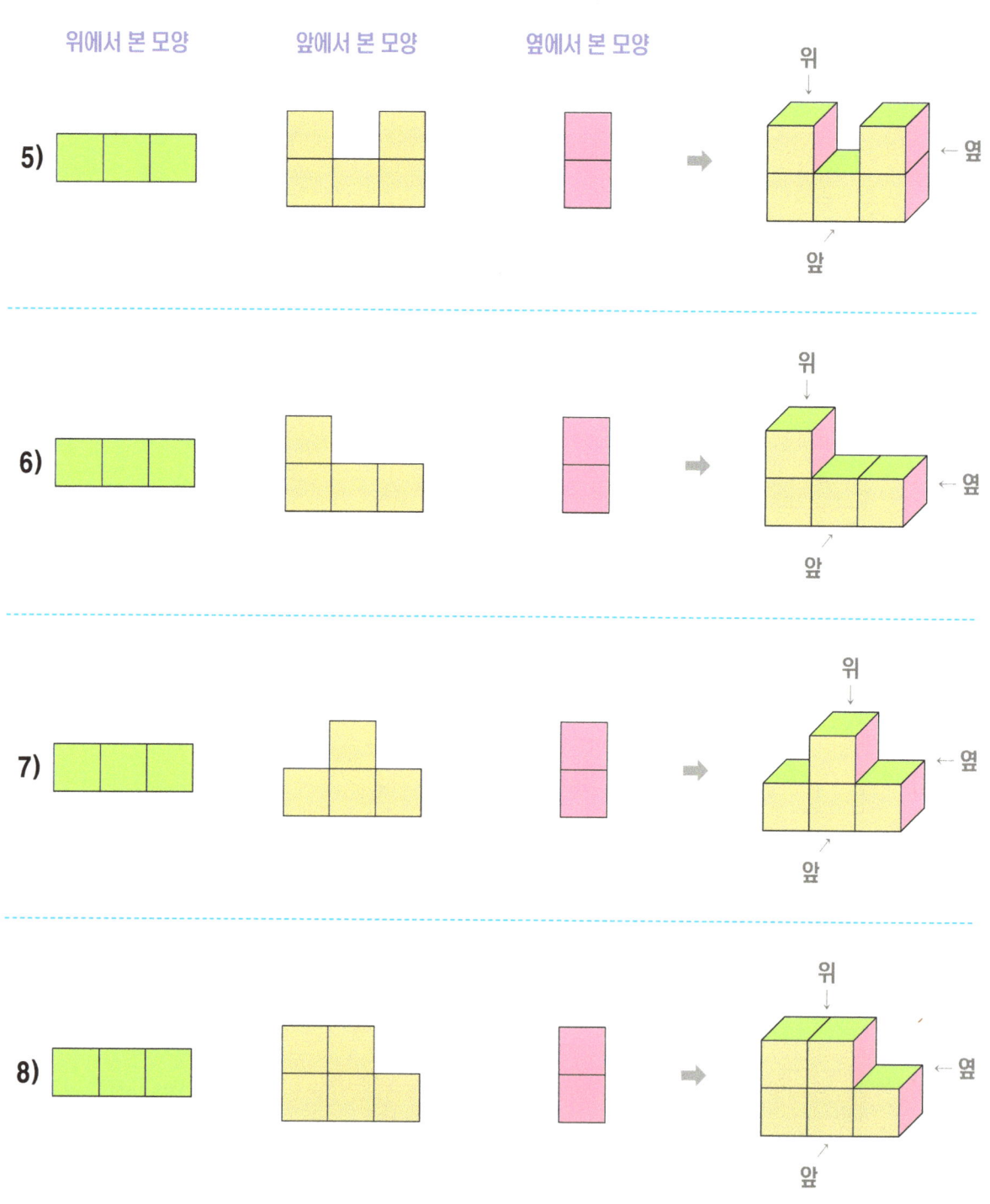

앞과 옆에서 본 모양을 보면 위로 몇 층이 쌓였는지 알 수 있습니다.

(3) 3층으로 쌓은 쌓기나무

위·앞·옆에서 본 모양을 보고 쌓은 쌓기나무를 관찰해 봅시다.

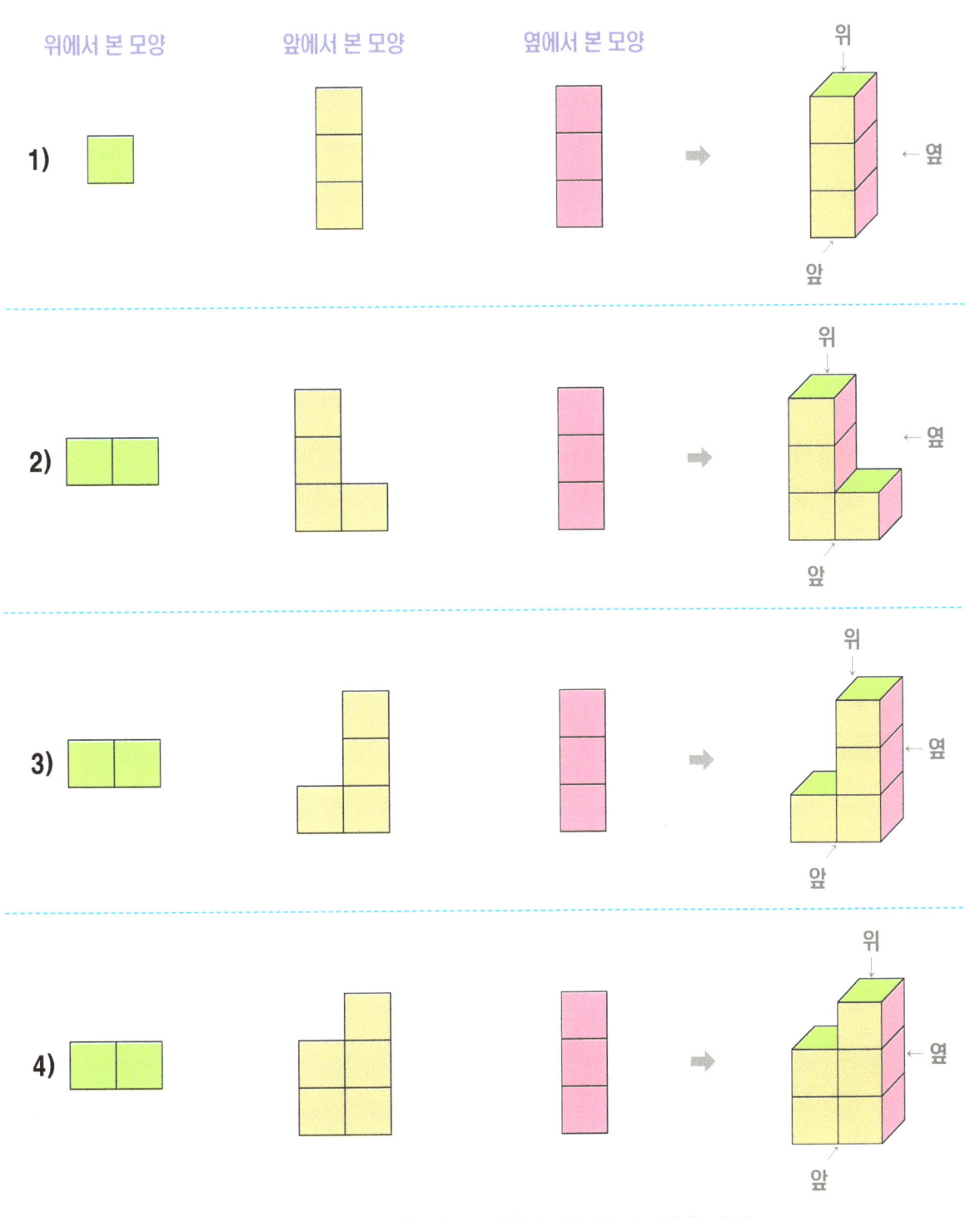

앞과 옆에서 본 모양을 보면 위로 몇 층이 쌓였는지 알 수 있습니다.

(3) 3층으로 쌓은 쌓기나무

위·앞·옆에서 본 모양을 보고 쌓은 쌓기나무를 관찰해 봅시다.

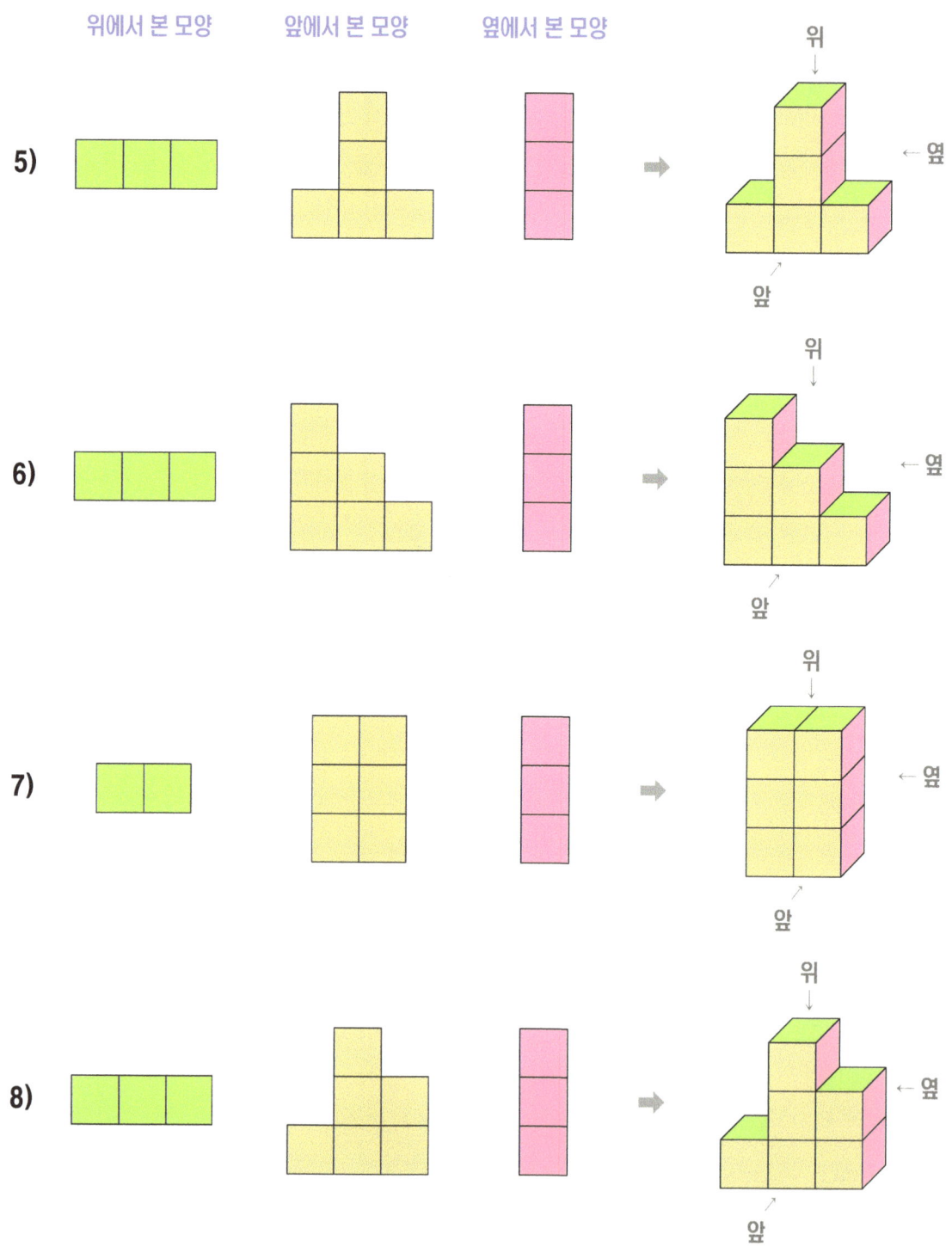

앞과 옆에서 본 모양을 보면 위로 몇 층이 쌓였는지 알 수 있습니다.

(4) 여러 모양으로 쌓은 쌓기나무

위·앞·옆에서 본 모양을 보고 쌓은 쌓기나무를 관찰해 봅시다.

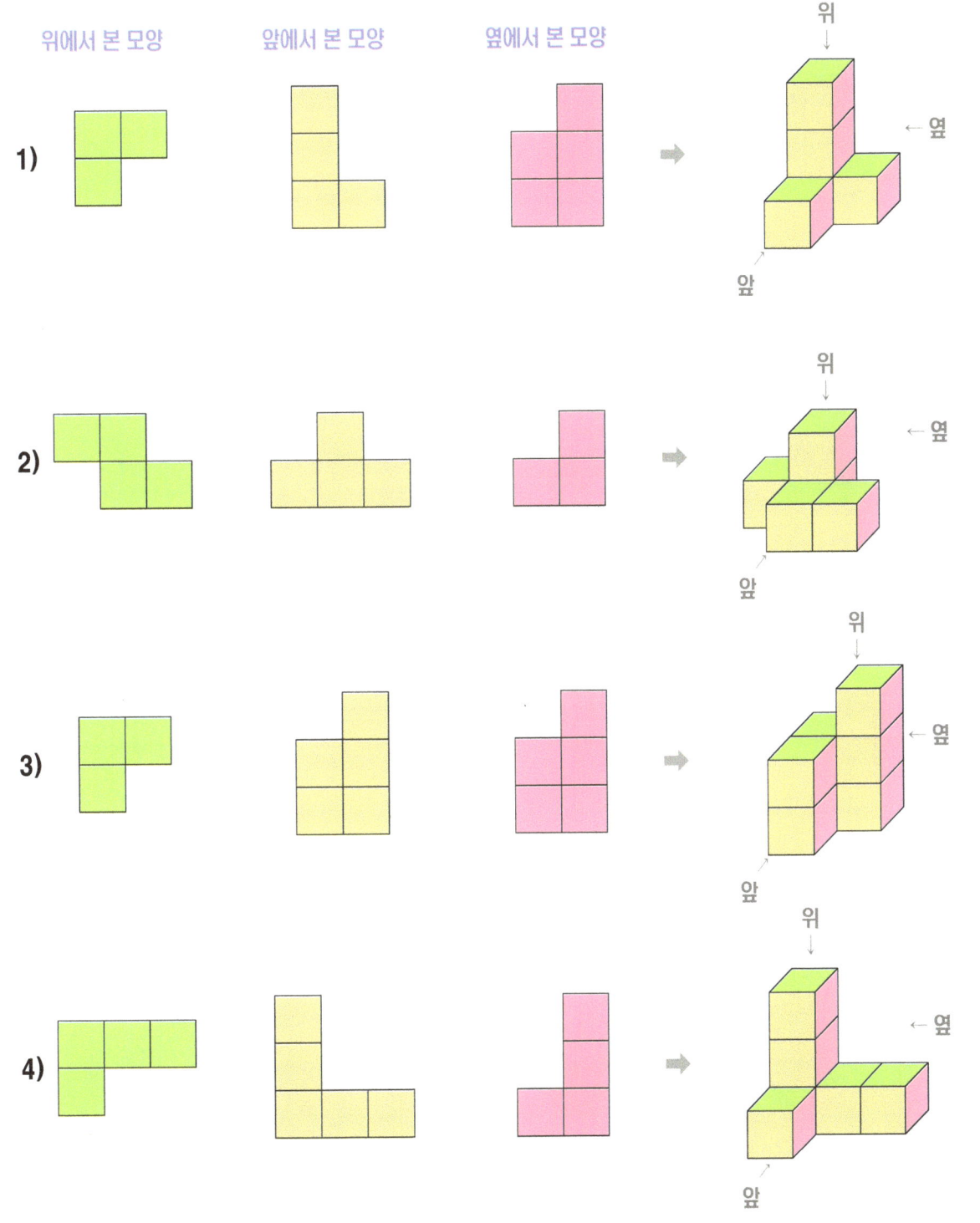

앞과 옆에서 본 모양을 보면 위로 몇 층이 쌓였는지 알 수 있습니다.

(4) 여러 모양으로 쌓은 쌓기나무

위·앞·옆에서 본 모양을 보고 쌓은 쌓기나무를 관찰해 봅시다.

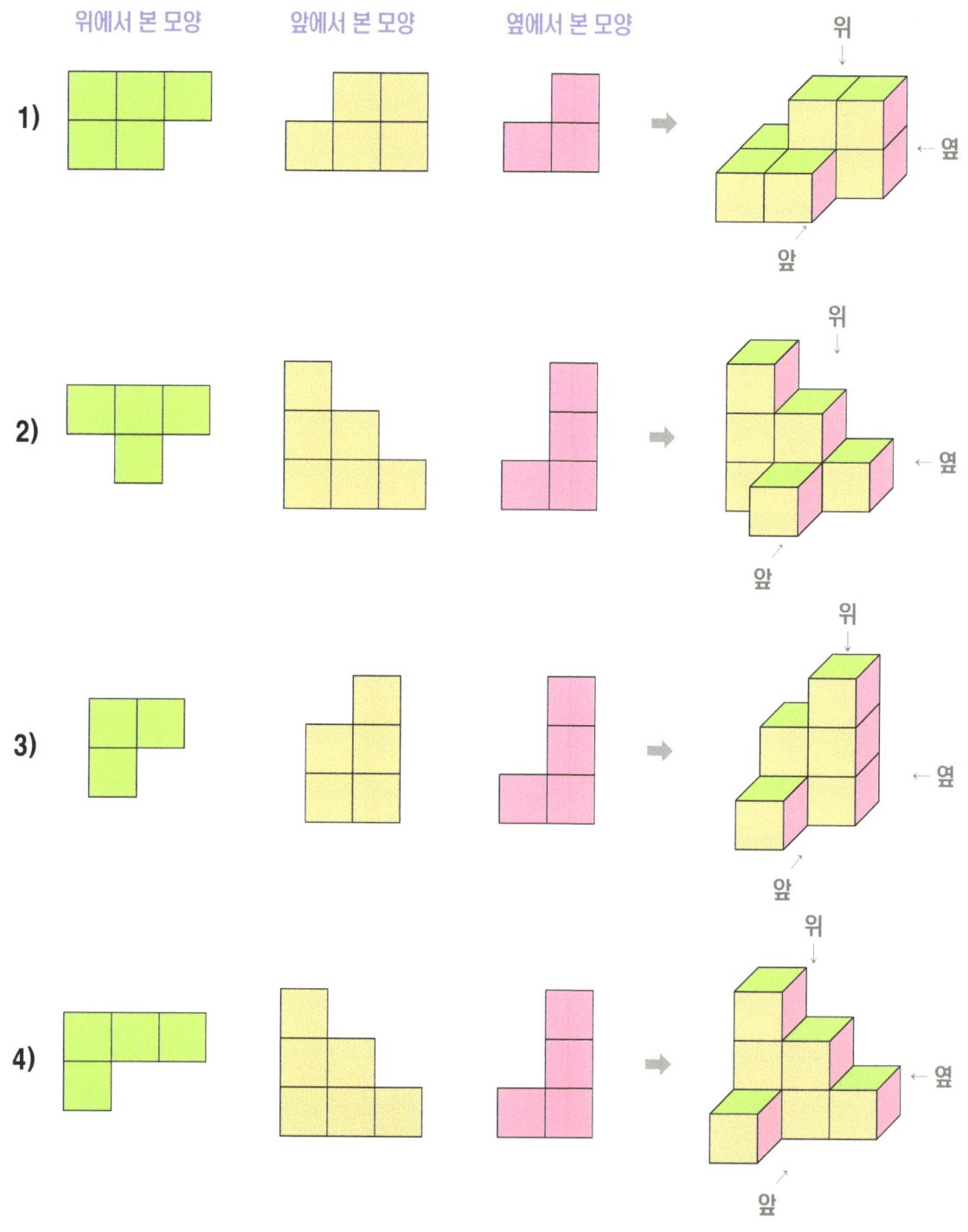

앞과 옆에서 본 모양을 보면 위로 몇 층이 쌓였는지 알 수 있습니다.

쌓기나무 옮기기

1. 쌓기나무 1개 옮기기

조합된 쌓기나무 중 1개의 쌓기나무 자리를 옮기면 여러 가지 새로운 모양을 만들 수 있습니다.

<보기>의 노란색 쌓기나무를 옮겨서 여러 가지 모양을 만들어 봅시다.

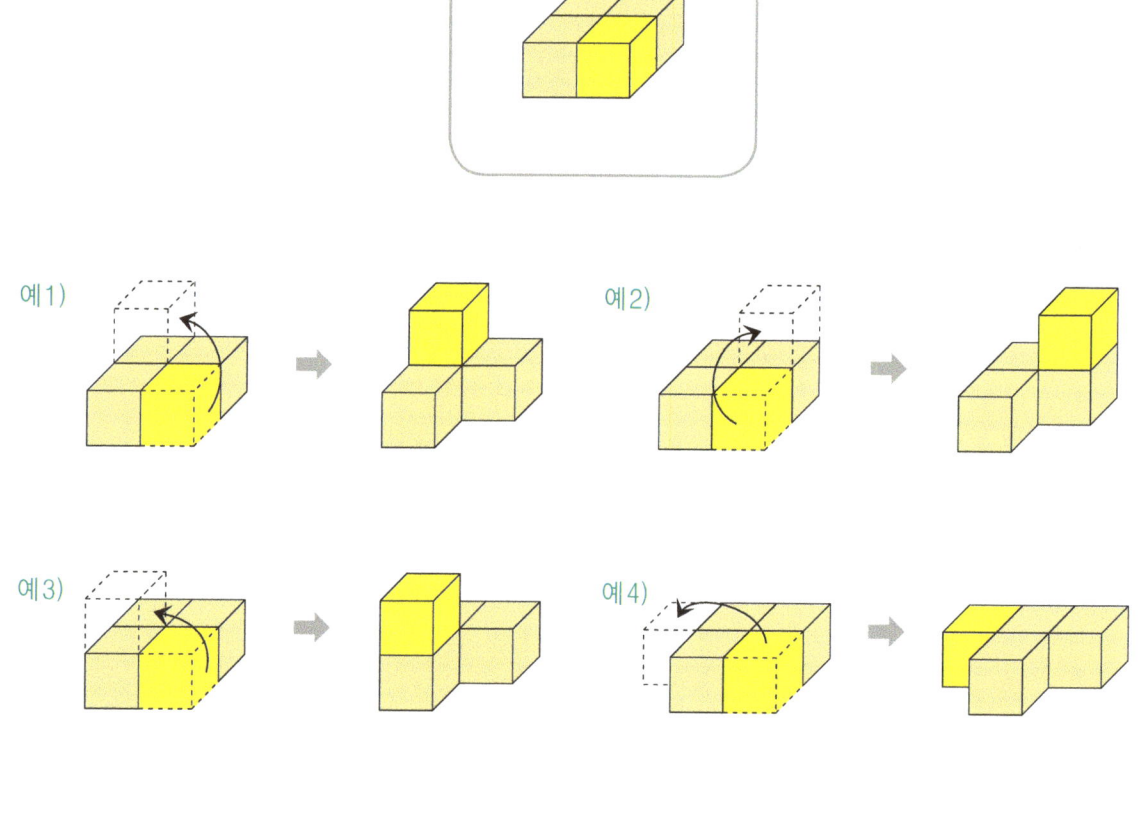

· 쌓기나무 1개의 위치를 바꾸면 위와 같이 여러 가지 다른 모양을 만들 수 있습니다.

<보기 2>

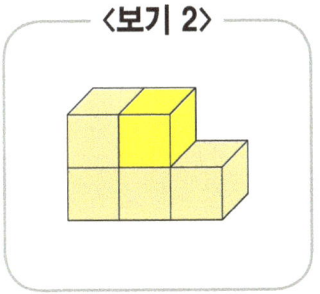

예1)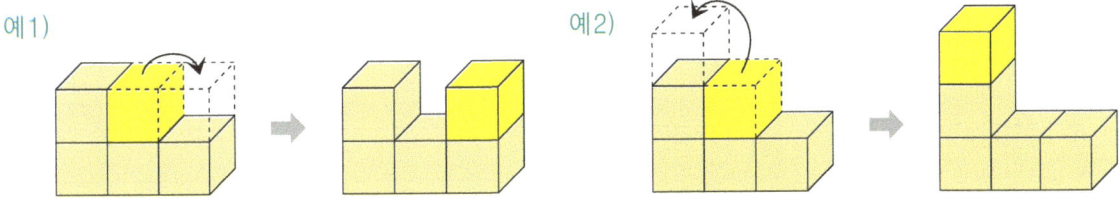

예2)

예3)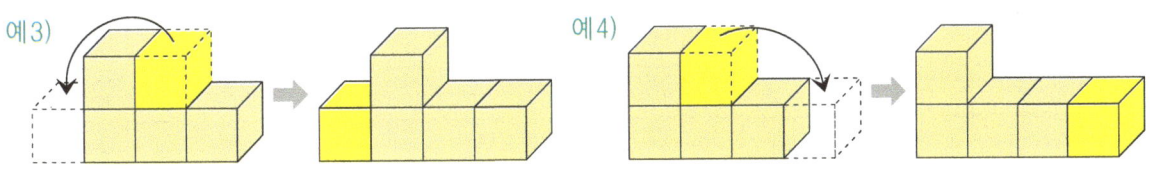

예4)

예5) 예6)

<보기 3>

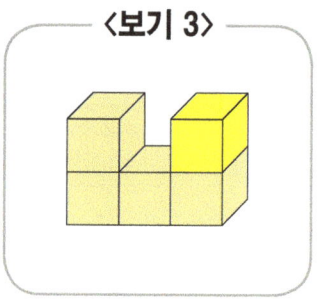

예1)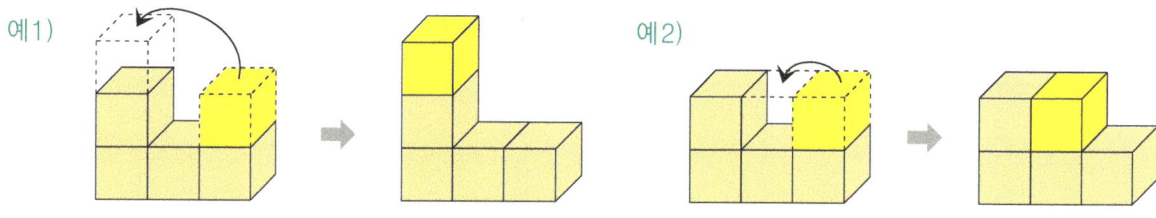

예2)

예3)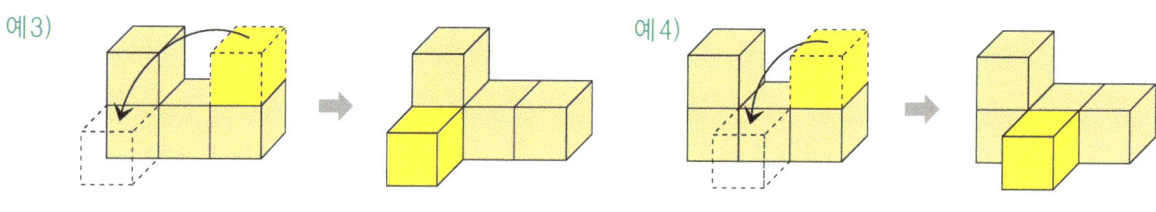

예4)

예5)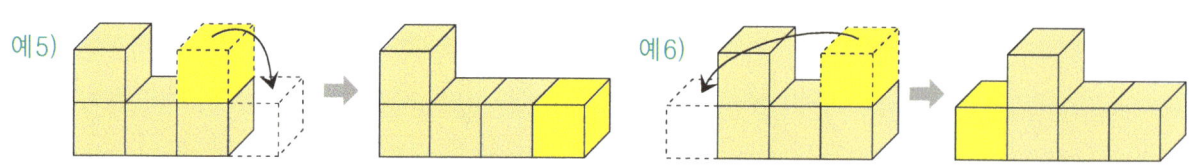

예6)

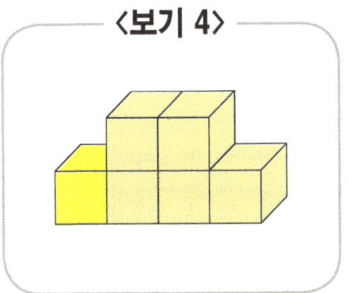

<보기 4>

예1)
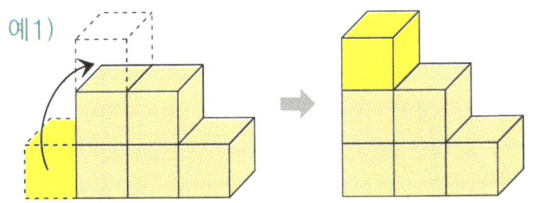

예2)
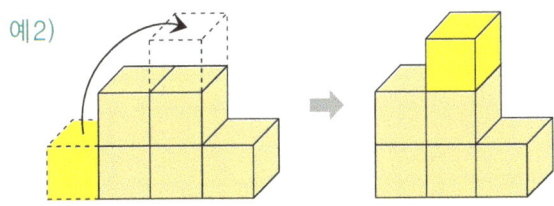

예3)
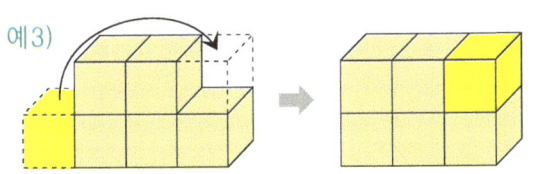

예4)
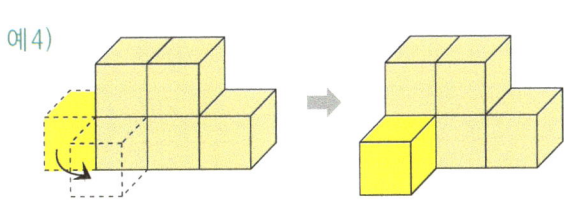

예5)
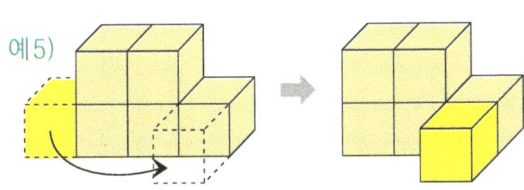

예6)
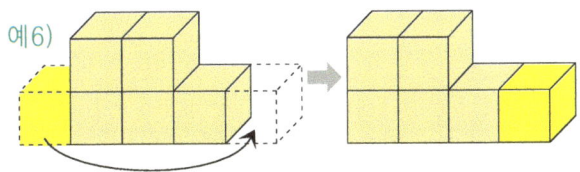

<보기 5>

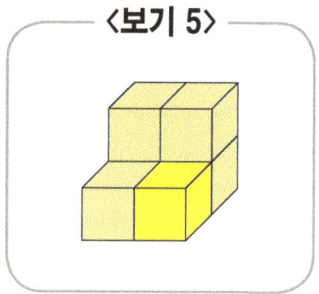

예1)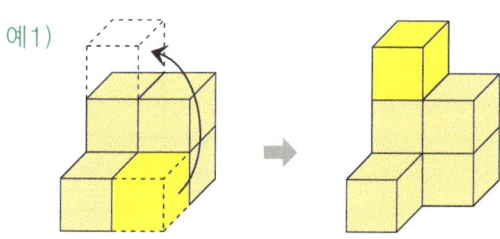

예2)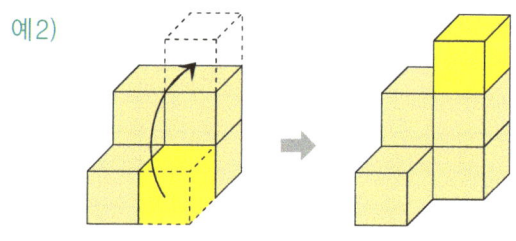

예3)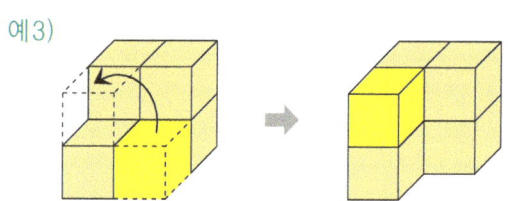

예4)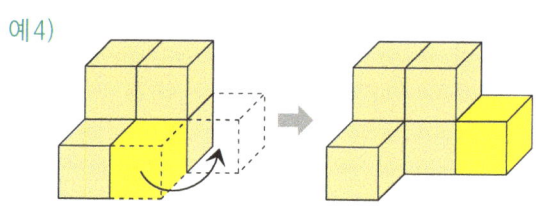

예5)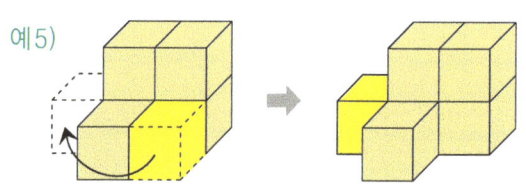

예6)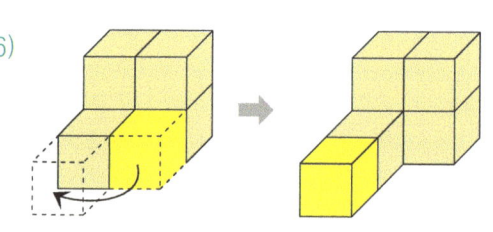

2. 서로 다른 쌓기나무 옮기기

같은 모양의 쌓기나무에서 1개의 쌓기나무를 옮겨 서로 다른 모양을 만들어 봅시다.

• 노란색 쌓기나무를 ①번 위로 옮겨 쌓기나무 1, 2의 모양의 변화를 관찰해 봅시다.

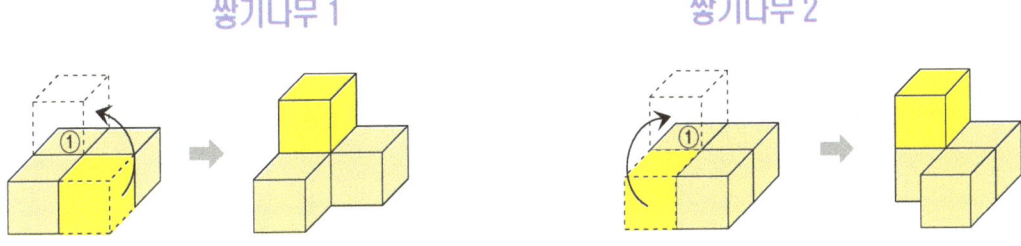

• 노란색 쌓기나무를 ②번 위로 옮겨 쌓기나무 1, 2의 모양의 변화를 관찰해 봅시다.

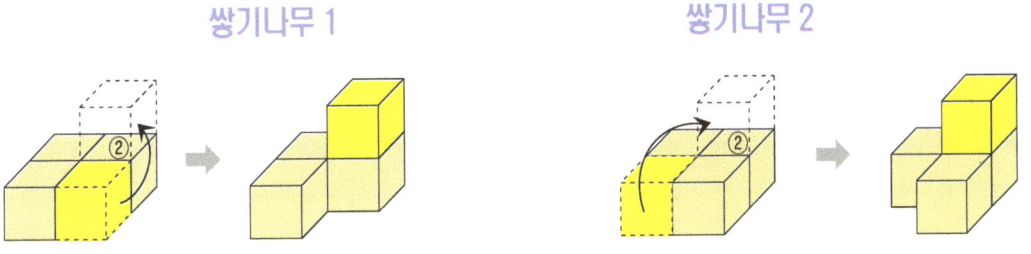

같은 모양의 쌓기나무에서 1개의 쌓기나무를 옮겨 서로 다른 모양을 만들어 봅시다.

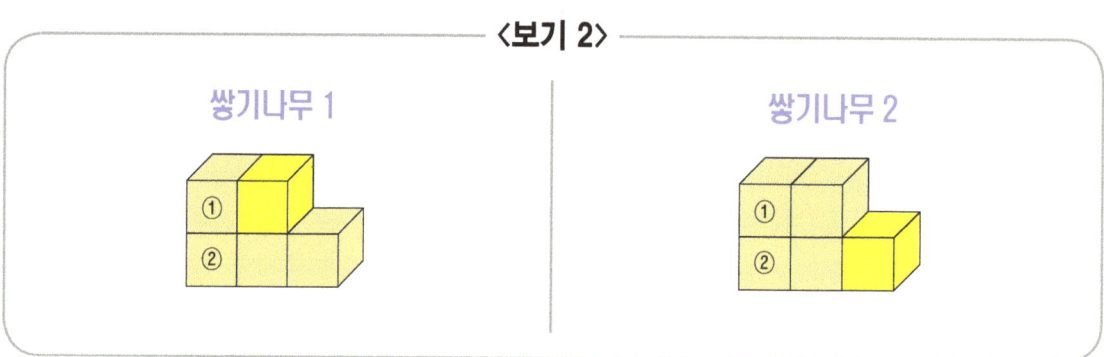

• 노란색 쌓기나무를 ①번 위로 옮겨 쌓기나무 1, 2의 모양의 변화를 관찰해 봅시다.

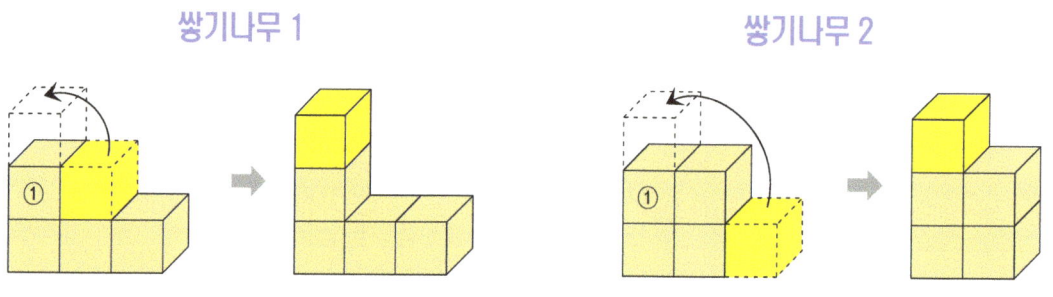

• 노란색 쌓기나무를 ②번 옆으로 옮겨 쌓기나무 1, 2의 모양의 변화를 관찰해 봅시다.

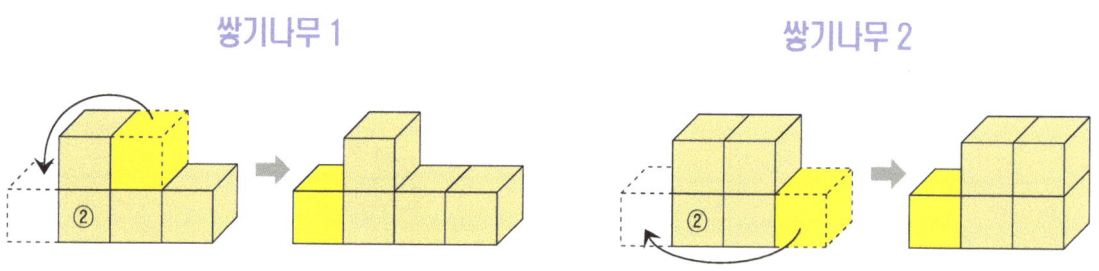

같은 모양의 쌓기나무에서 1개의 쌓기나무를 옮겨 서로 다른 모양을 만들어 봅시다.

<보기 3>

쌓기나무 1 | 쌓기나무 2

- 노란색 쌓기나무를 ①번 위로 옮겨 쌓기나무 1, 2의 모양의 변화를 관찰해 봅시다.

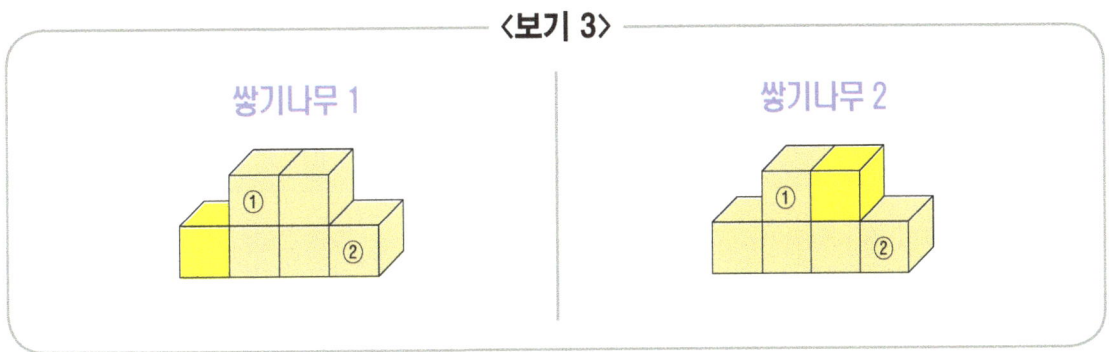

- 노란색 쌓기나무를 ②번 옆으로 옮겨 쌓기나무 1, 2의 모양의 변화를 관찰해 봅시다.

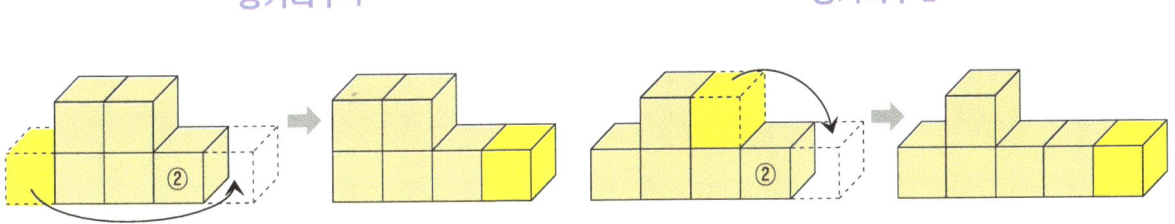

같은 모양의 쌓기나무에서 1개의 쌓기나무를 옮겨 서로 다른 모양을 만들어 봅시다.

<보기 4>

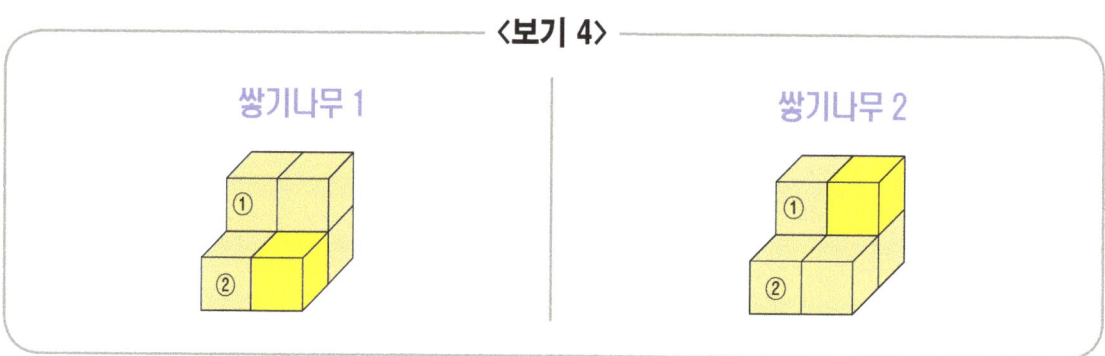

- 노란색 쌓기나무를 ①번 위로 옮겨 쌓기나무 1, 2의 모양의 변화를 관찰해 봅시다.

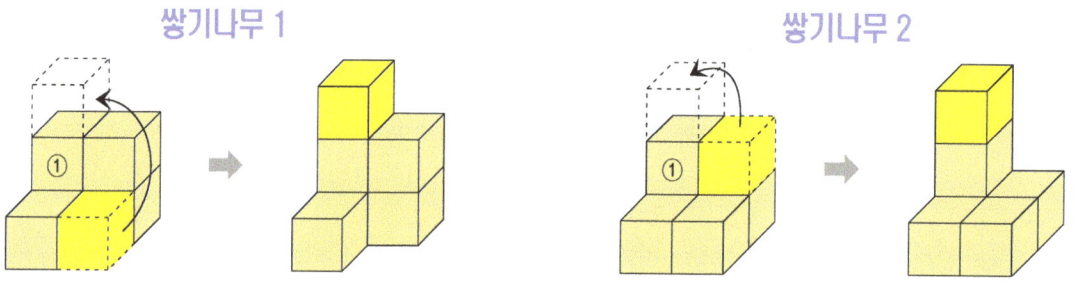

- 노란색 쌓기나무를 ②번 위로 옮겨 쌓기나무 1, 2의 모양의 변화를 관찰해 봅시다.

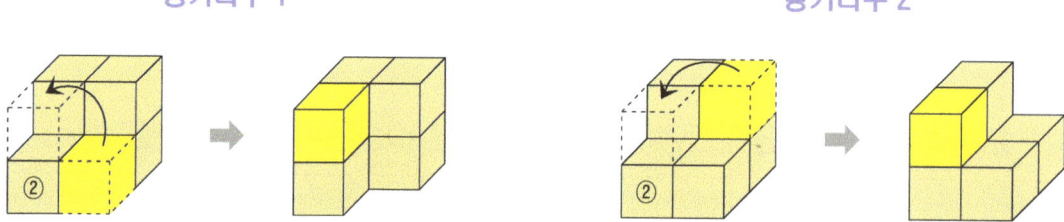

3. 쌓기나무 옮겨서 같은 모양 만들기

서로 다른 모양의 쌓기나무에서 1개의 쌓기나무를 옮기면 서로 같은 모양을 만들 수 있습니다.

<보기>의 쌓기나무를 각각 1개씩 옮겨서 <보기>의 모양을 만들어 봅시다.

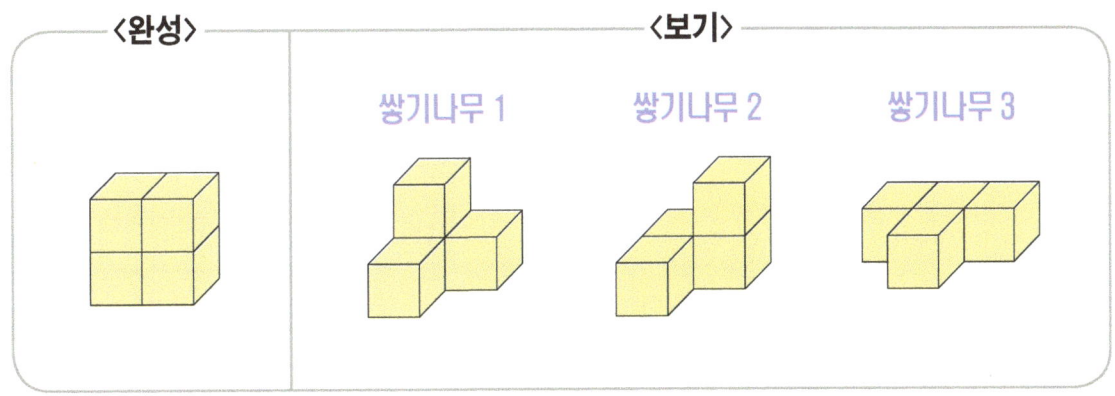

· 쌓기나무 1

· 쌓기나무 2

· 쌓기나무 3

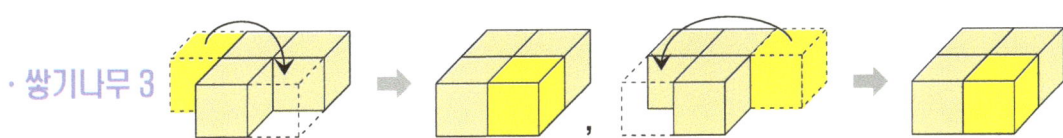

〈보기〉의 쌓기나무를 각각 1개씩 옮겨서 〈보기〉의 모양을 만들어 봅시다.

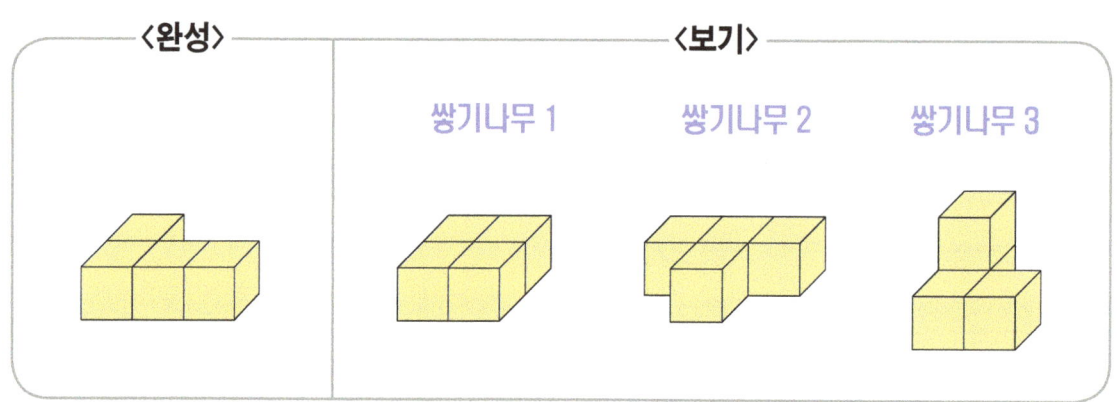

- 쌓기나무 1
- 쌓기나무 2
- 쌓기나무 3

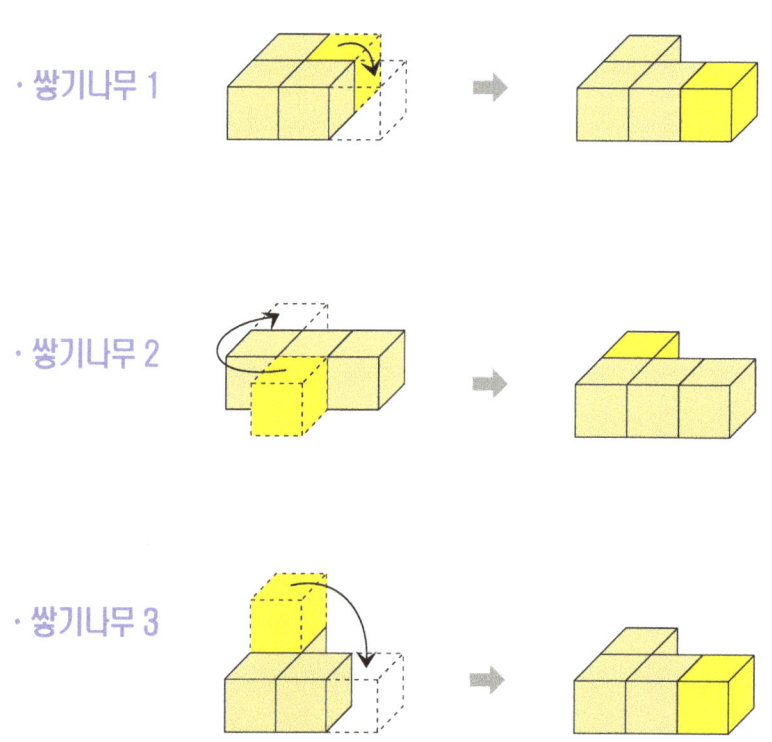

〈보기〉의 쌓기나무를 각각 1개씩 옮겨서 〈보기〉의 모양을 만들어 봅시다.

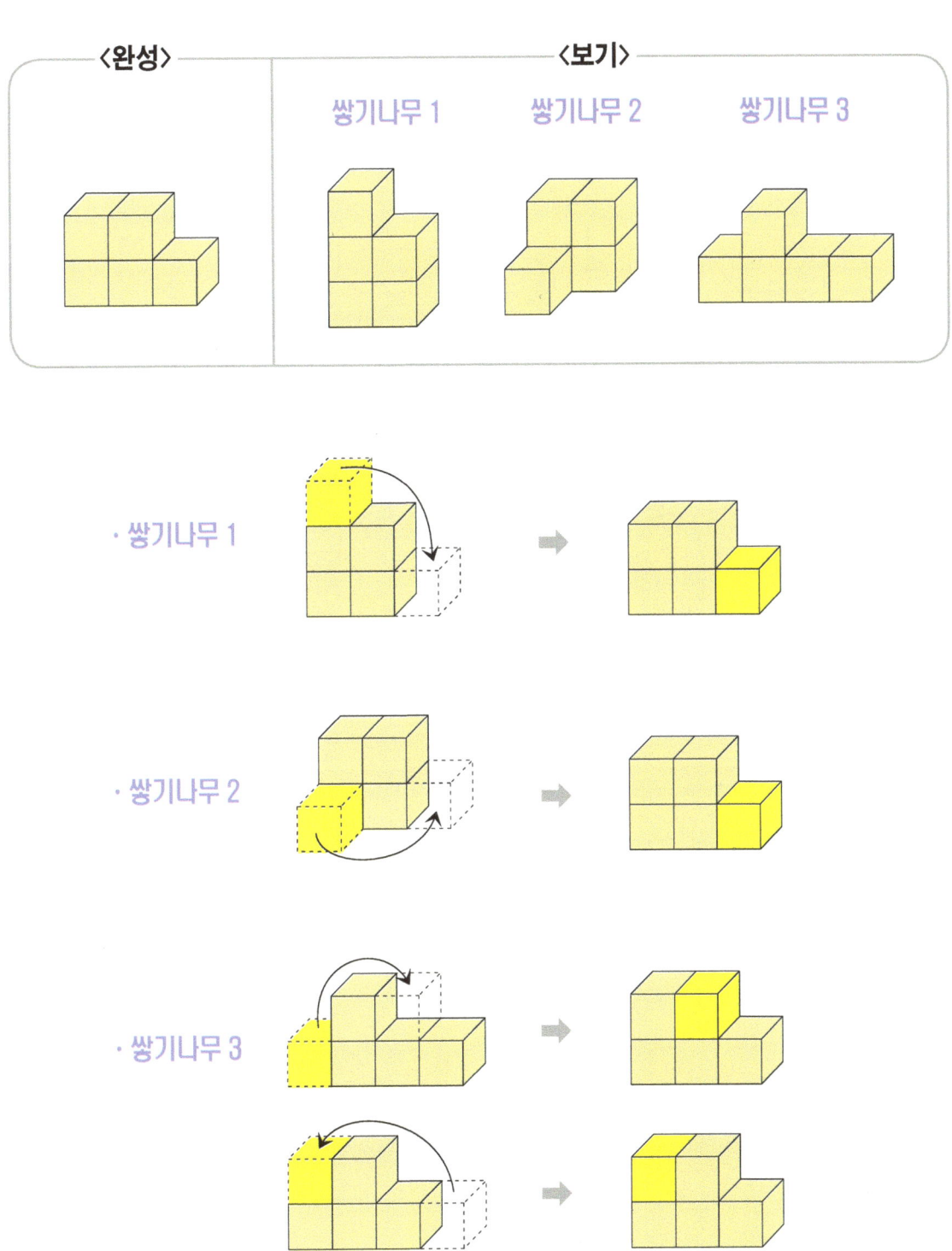

<보기>의 쌓기나무를 각각 1개씩 옮겨서 <보기>의 모양을 만들어 봅시다.

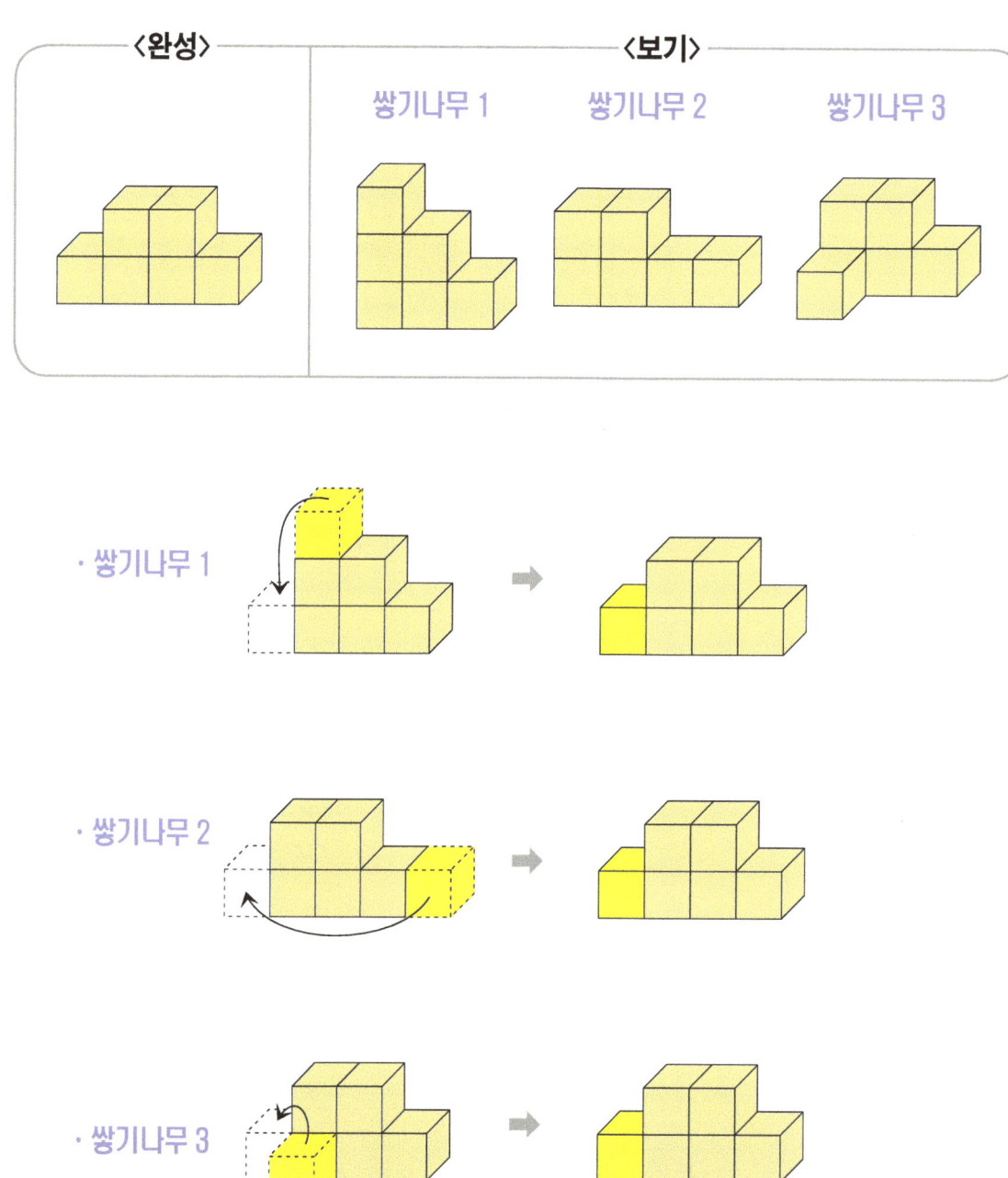

〈보기〉의 쌓기나무를 각각 1개씩 옮겨서 〈보기〉의 모양을 만들어 봅시다.

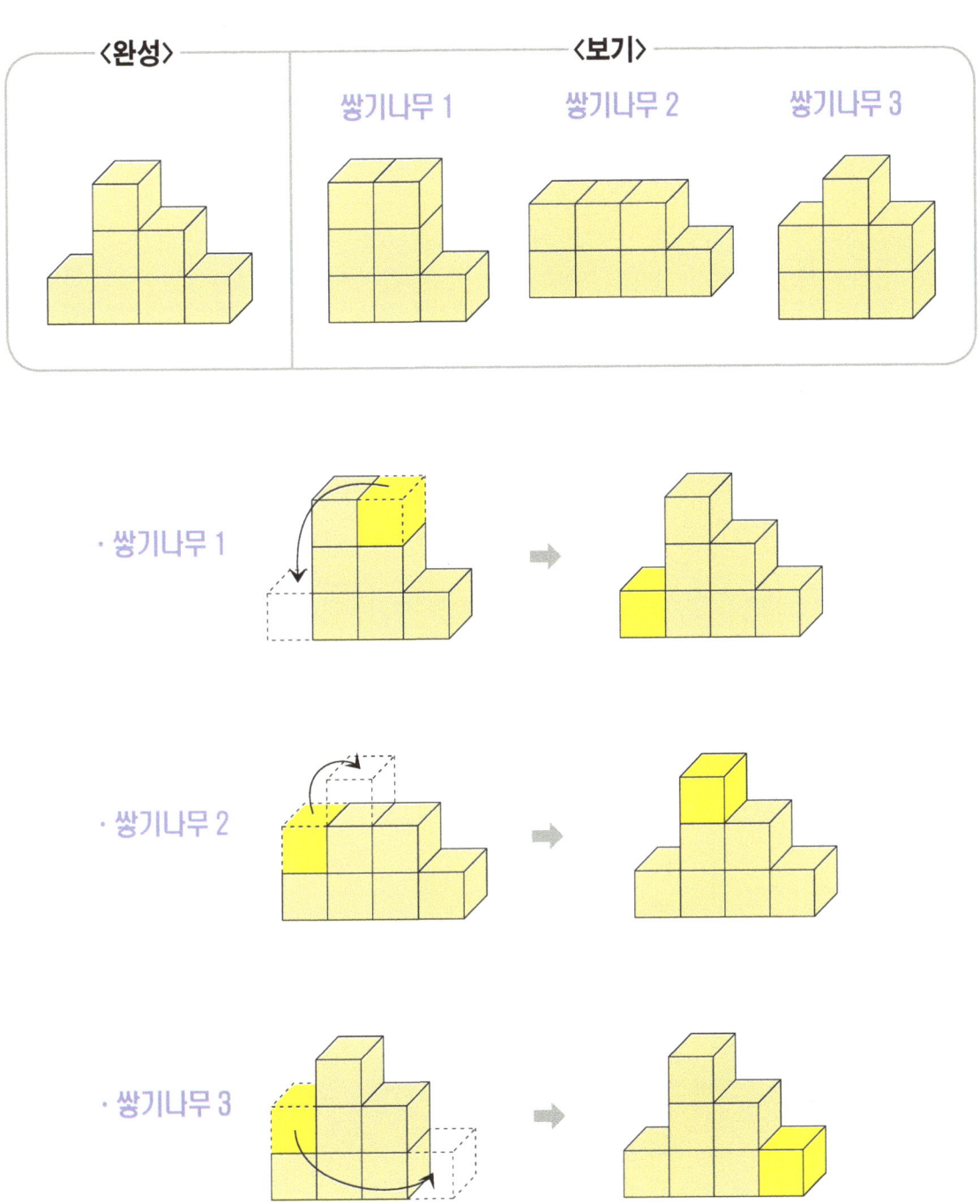

<보기>의 쌓기나무를 각각 1개씩 옮겨서 <보기>의 모양을 만들어 봅시다.

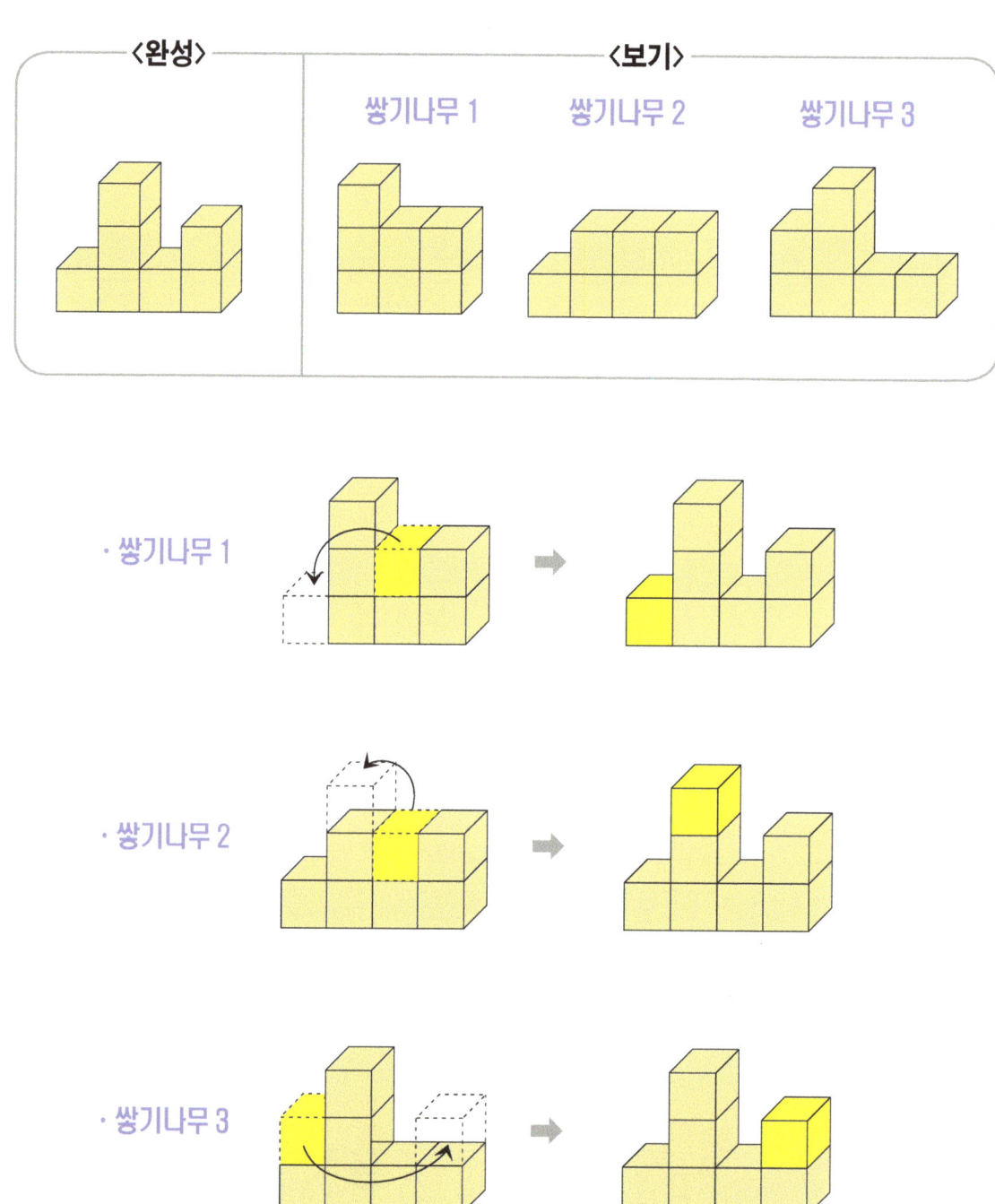

창의력 마당수학

전략 학습 게임 시리즈

쌍기나무와 대칭

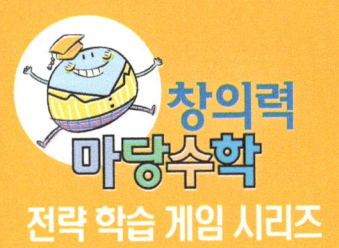

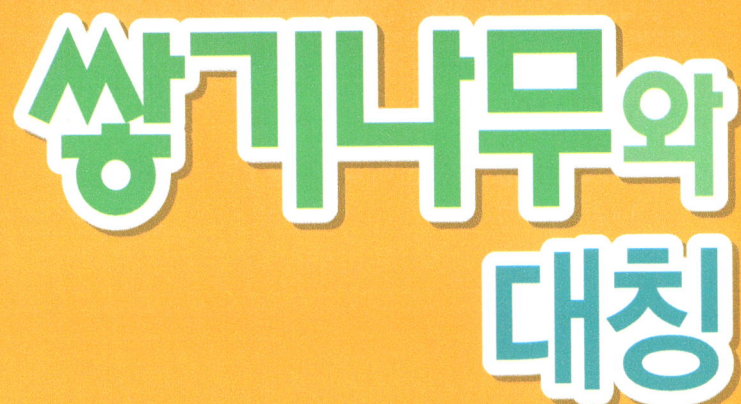

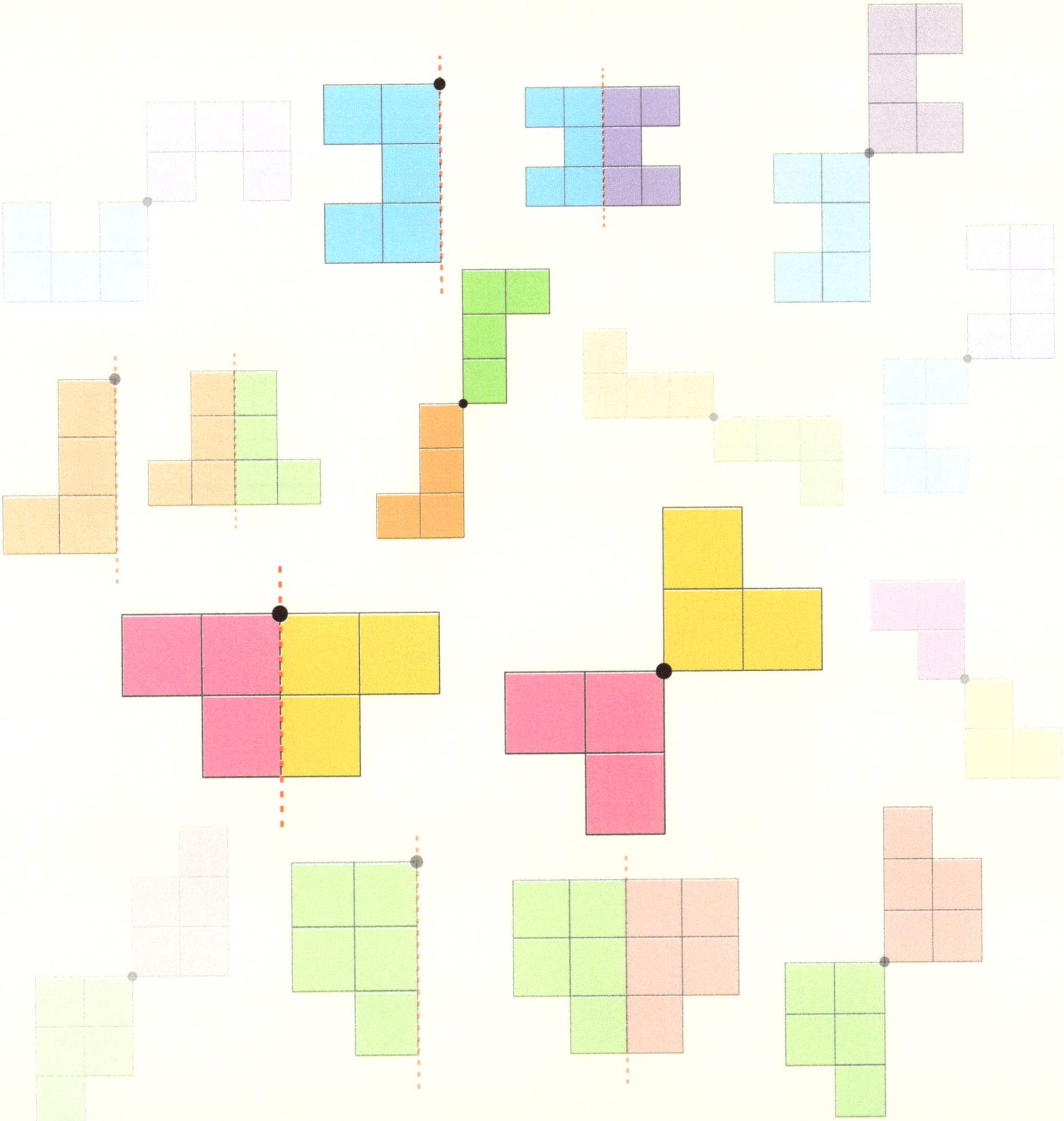

1. 대칭이란

두 모양이 기준선이나 기준점에 대해 같은 모양으로 배치되어 있는 형상을 대칭이라고 합니다. 기준선에 대해 같은 모양이면 선대칭이라고 하고 기준점에 대해 같은 모양이면 점대칭이라고 합니다.

2. 좌·우 대칭 모양 관찰하기

좌·우 대칭인 모양을 관찰하고, 대칭 모양과 대칭이 아닌 모양을 비교하여 관찰해 봅시다. (점선은 대칭선입니다.)

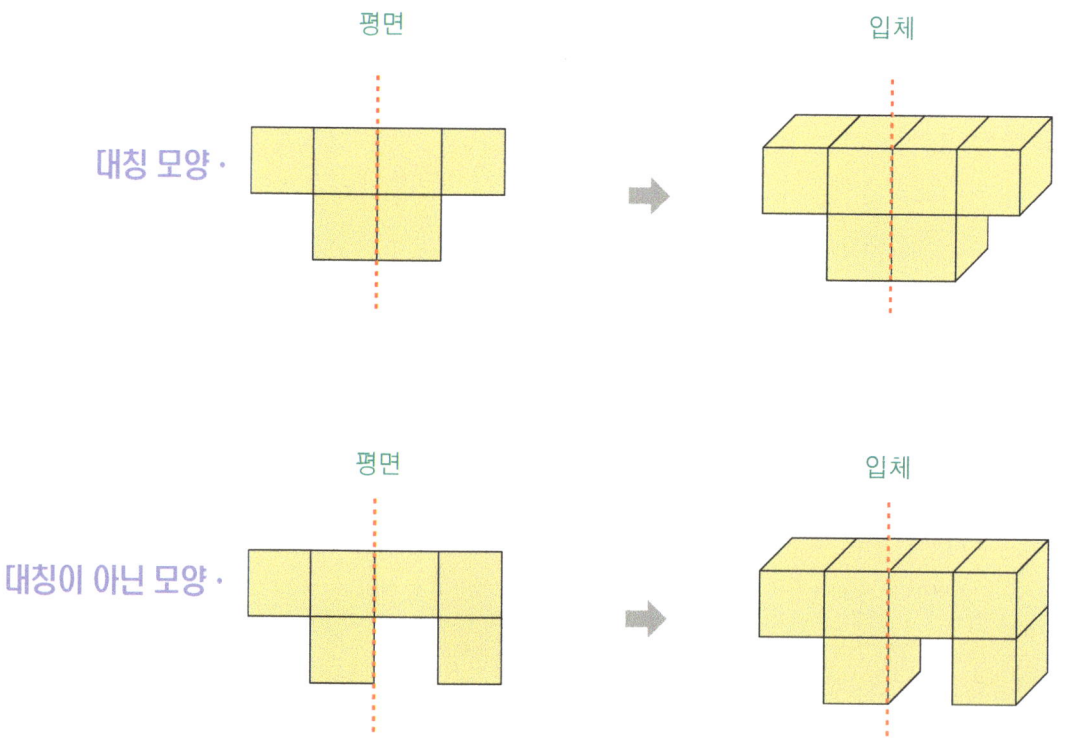

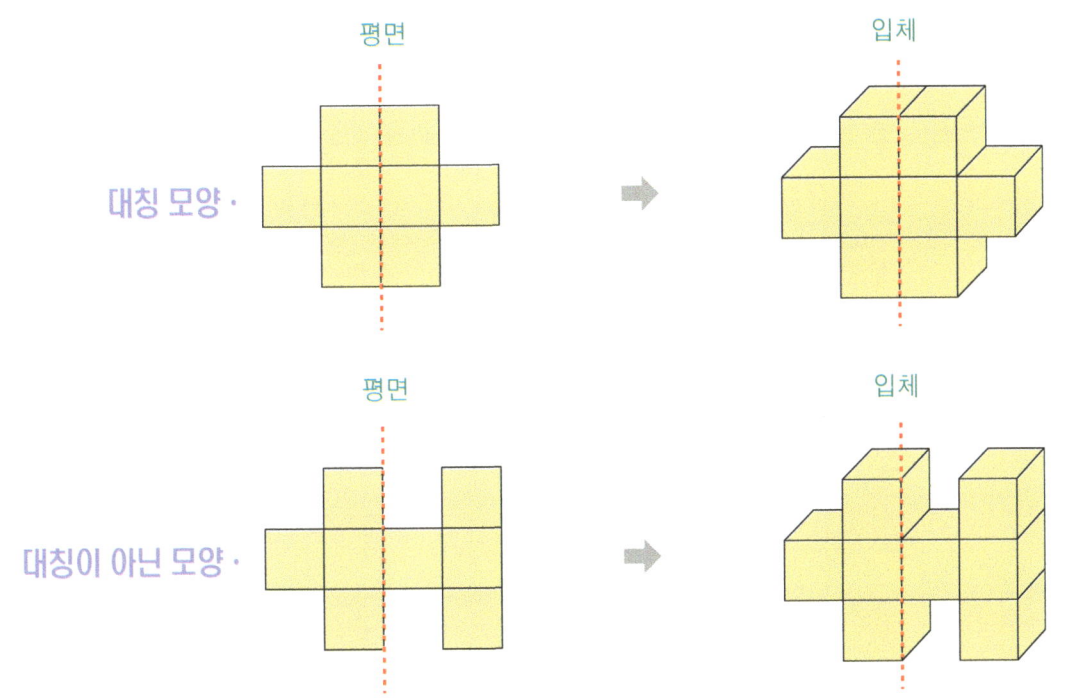
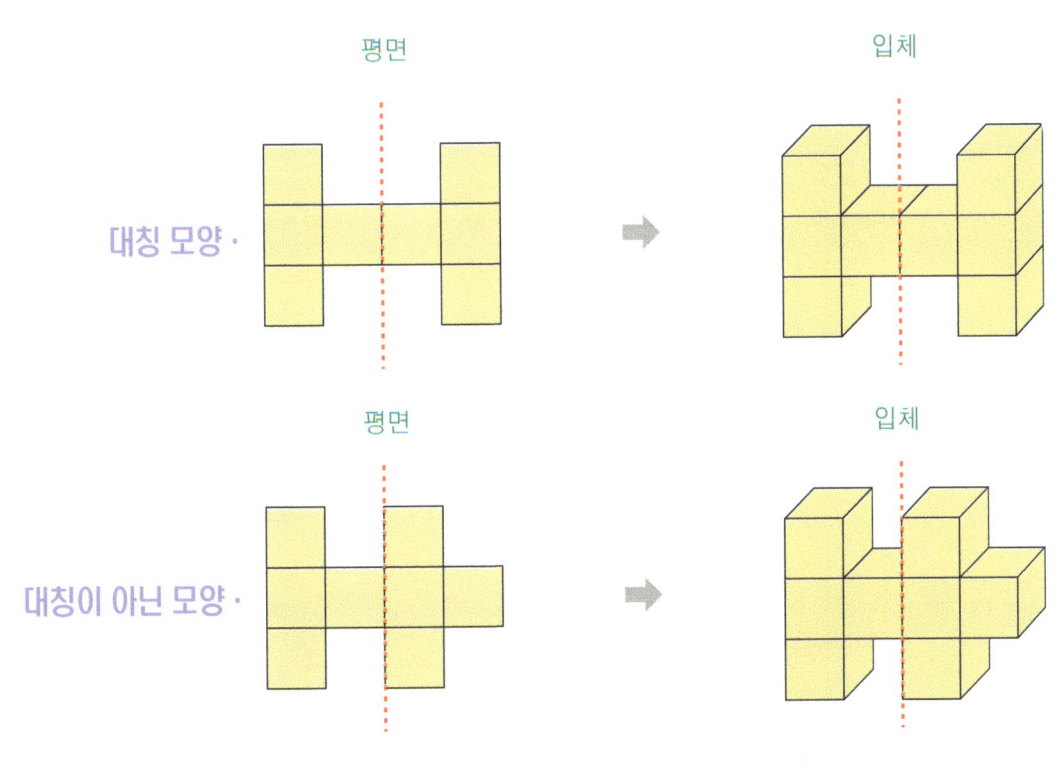

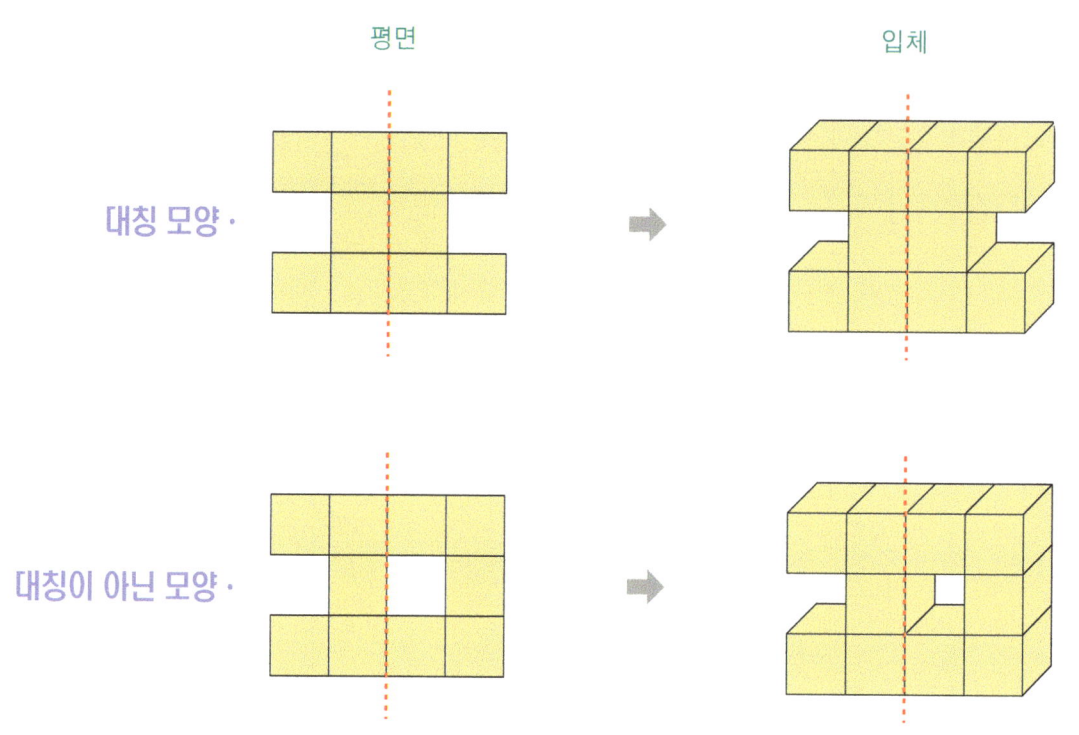
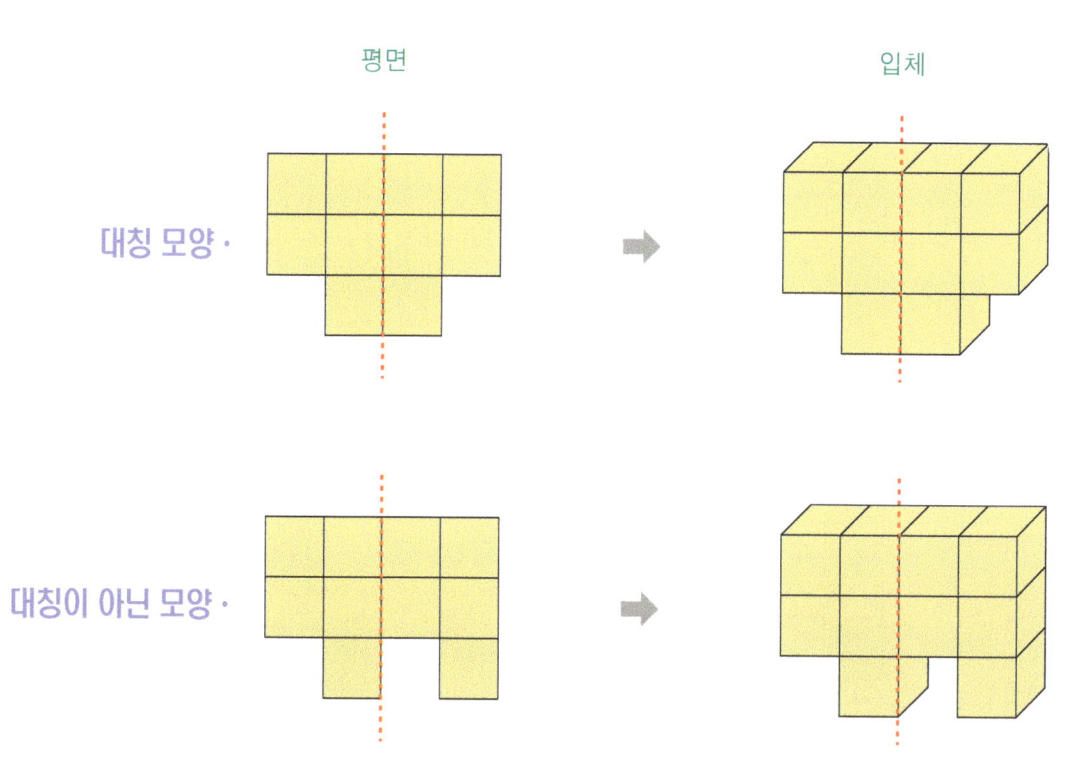

3. 상·하 대칭 모양 관찰하기

상·하 대칭 모양을 관찰하고 대칭이 아닌 모양을 비교해서 관찰해 봅시다.
(점선은 대칭선입니다.)

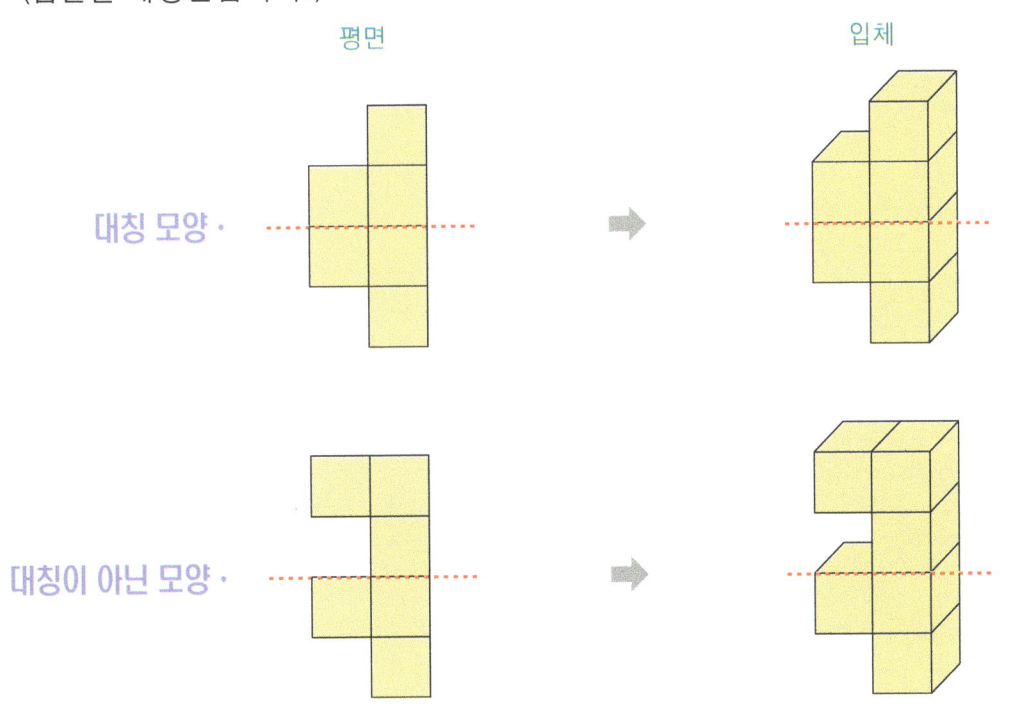

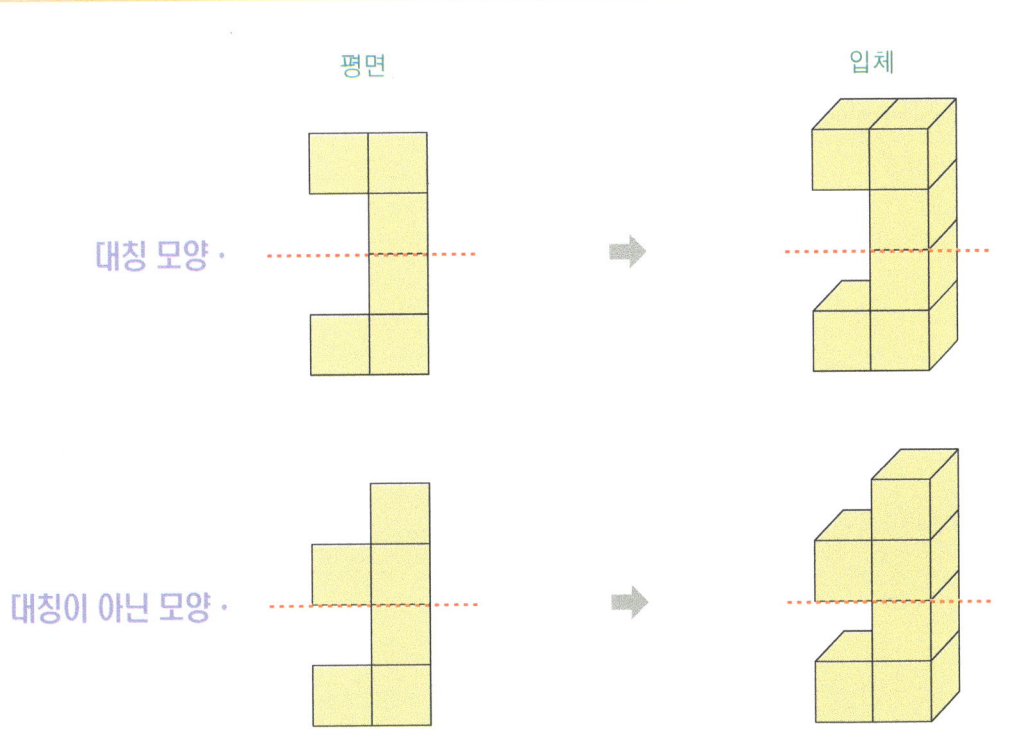

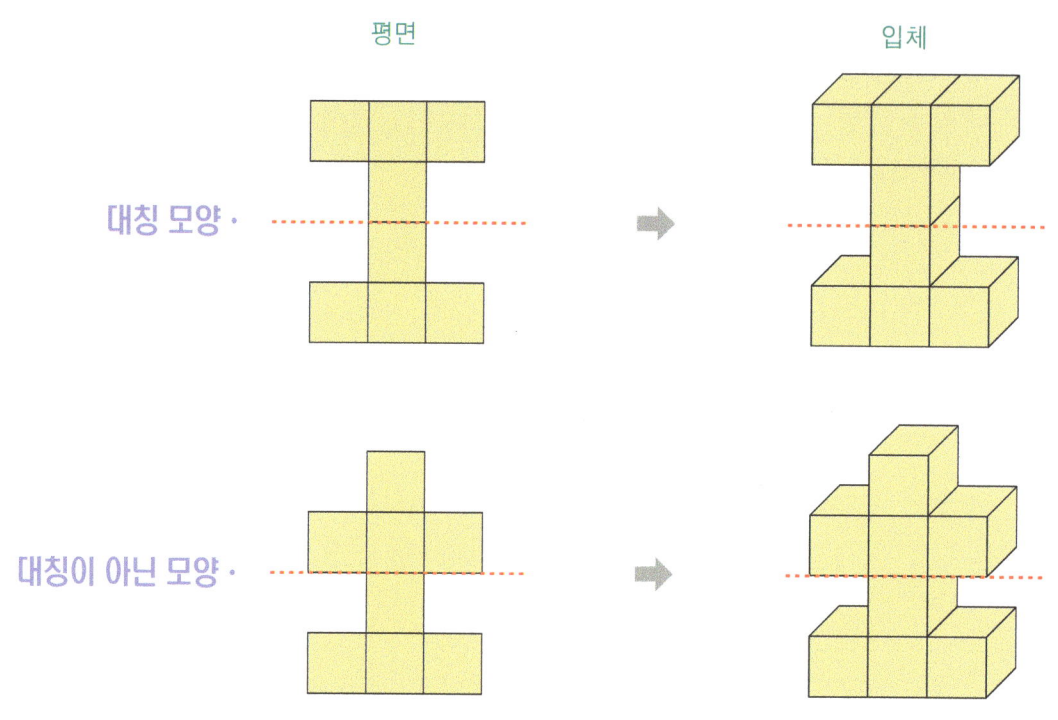
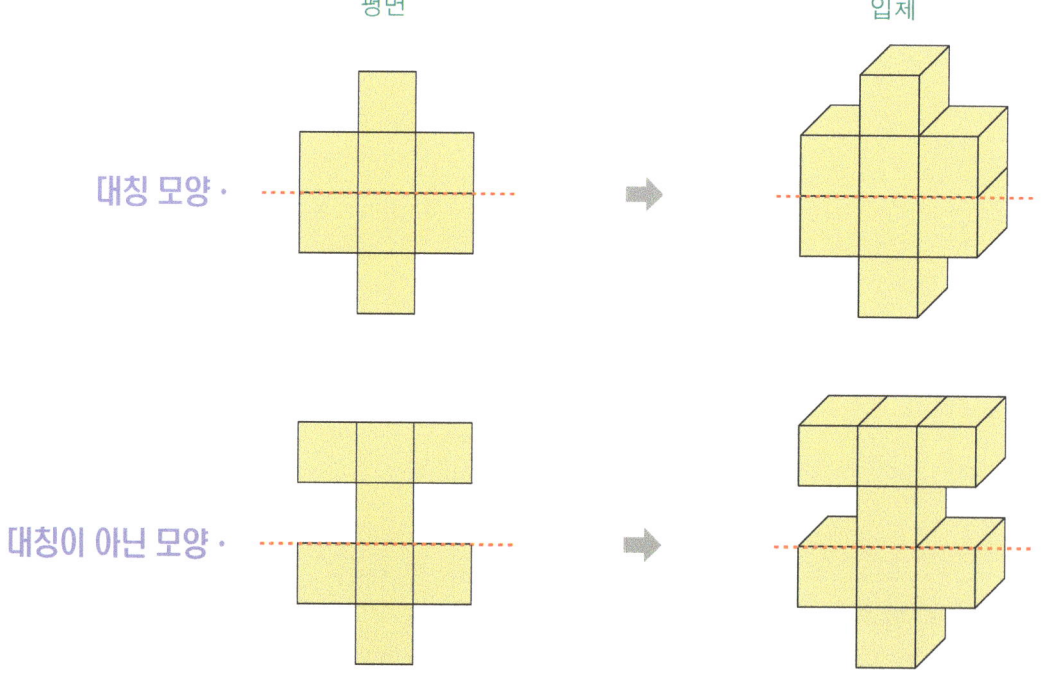

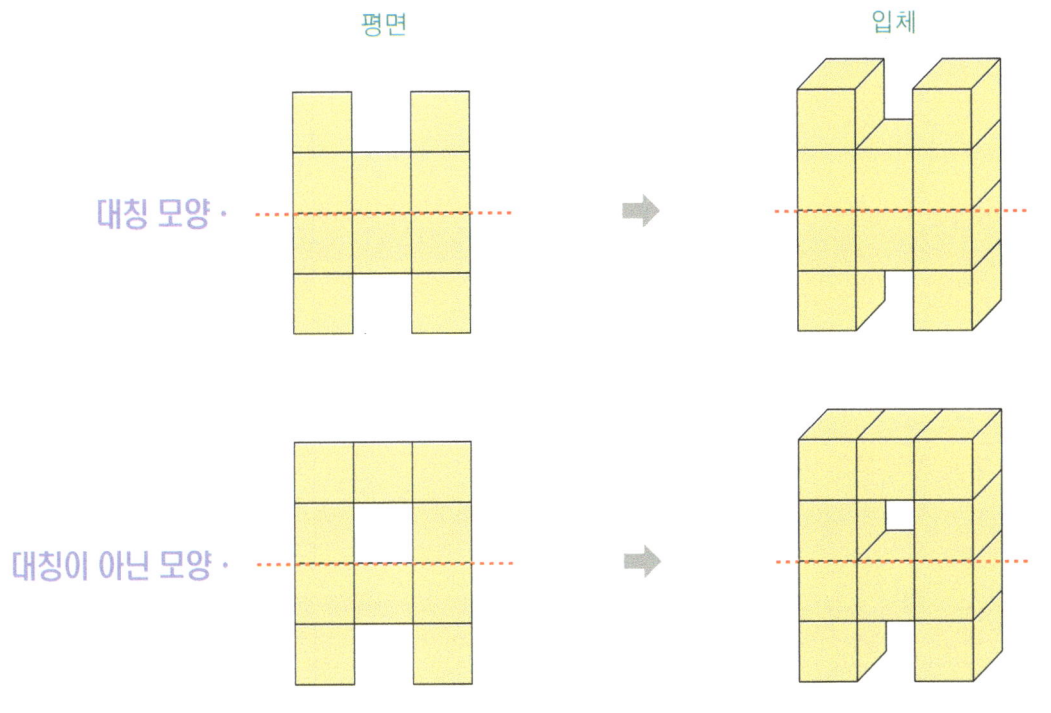
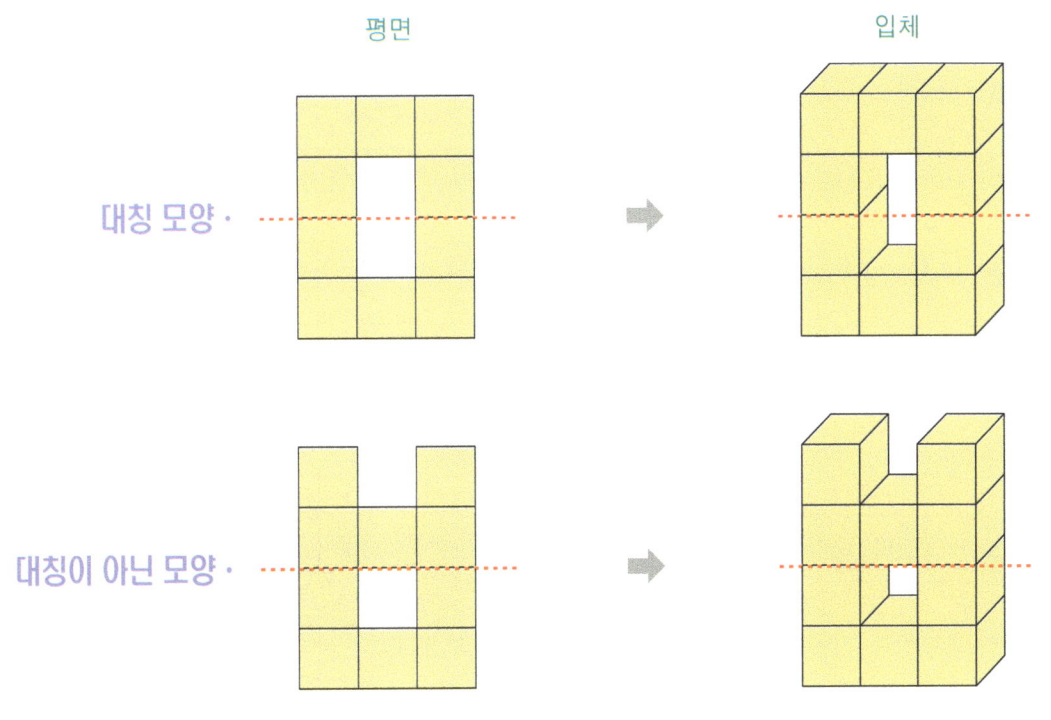

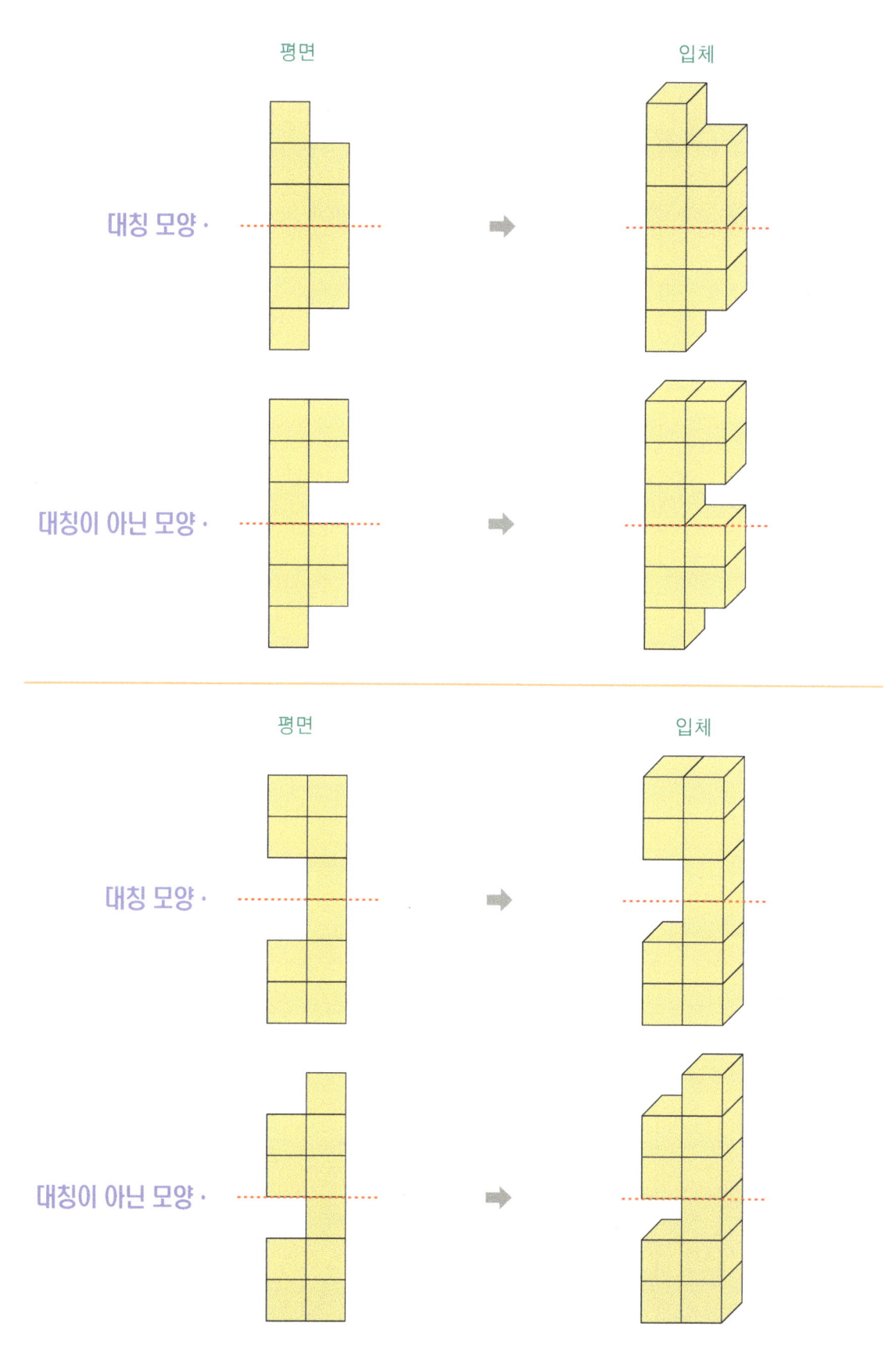

4. 점대칭 모양 만들기

1) 점대칭이란

두 도형 사이의 한 점을 중심으로, 한 도형을 180° 회전하였을 때 나머지 한 도형과 완전히 겹치는 대칭입니다. (●은 점대칭의 중심입니다.)

아래 점을 기준으로 180° 회전하였을 때의 점대칭이 된 모양을 관찰해 봅시다.

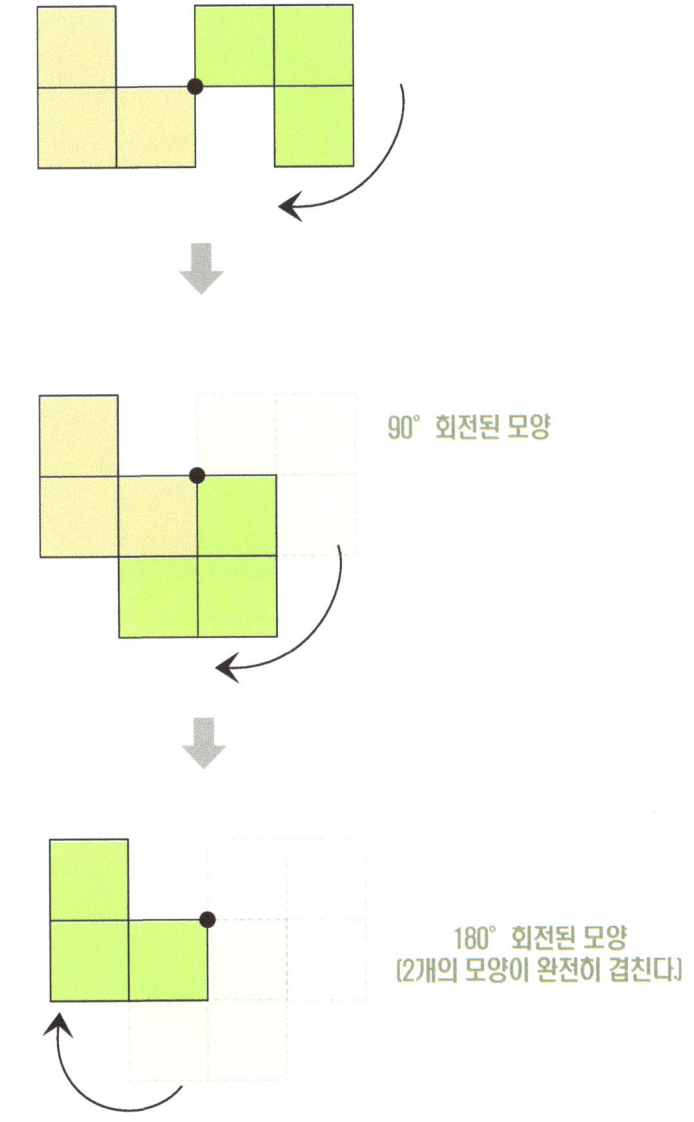

2) 점대칭 모양 만들기

점대칭 모양을 쉽게 만드는 방법을 〈보기〉의 쌓기나무를 이용하여 알아봅시다. (●은 점대칭의 중심입니다. 점선은 대칭선입니다.)

① 먼저, 좌·우 대칭시킵니다.
② 좌·우 대칭해서 나온 모양을 점이 위에 있으면 위로, 아래 있으면 아래로 대칭시킵니다.

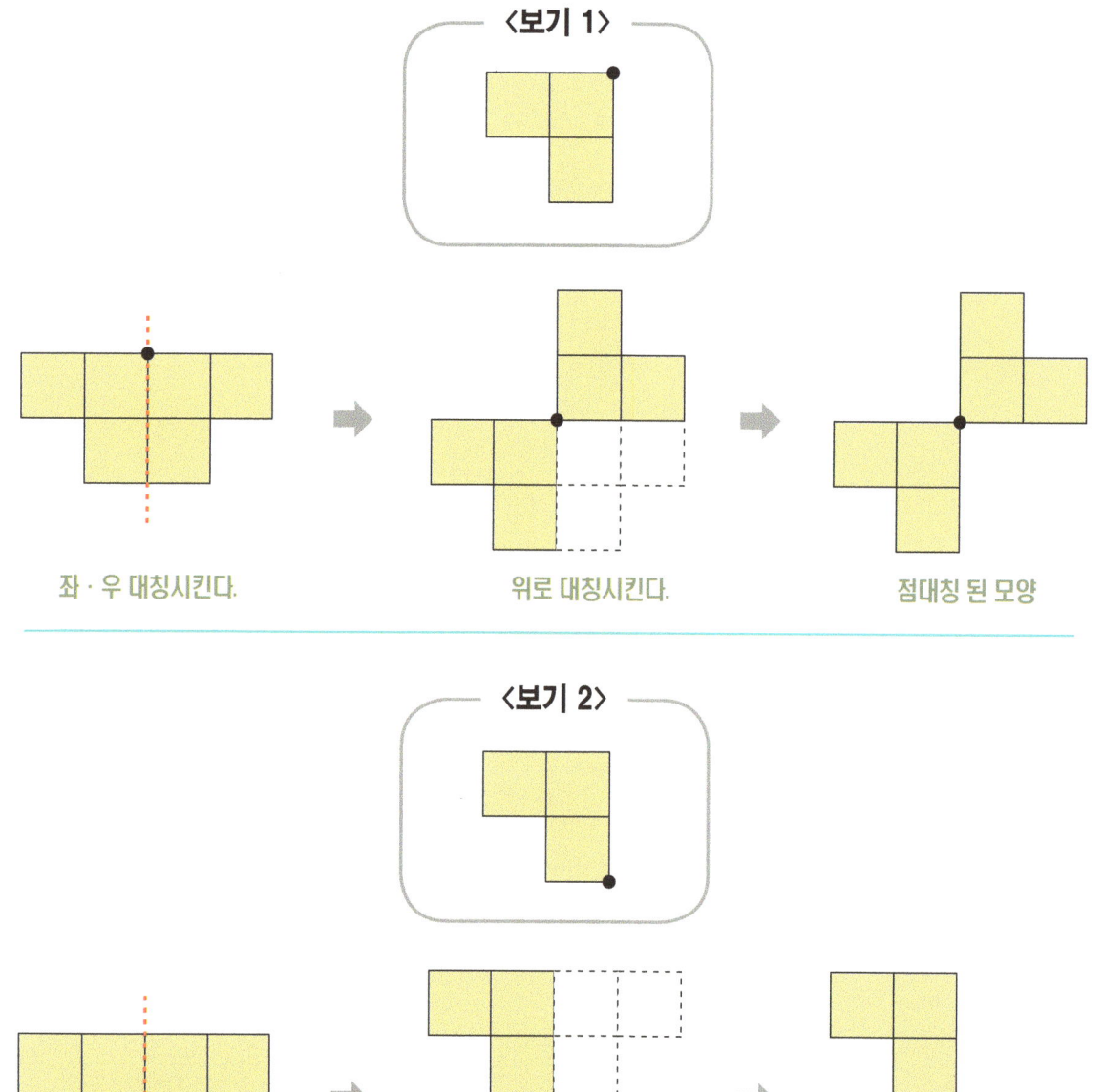

3) 선대칭과 점대칭 비교하기

선대칭과 점대칭 모양을 비교하여 관찰해 봅시다.
(●은 점대칭의 중심입니다. 점선은 대칭선입니다.)

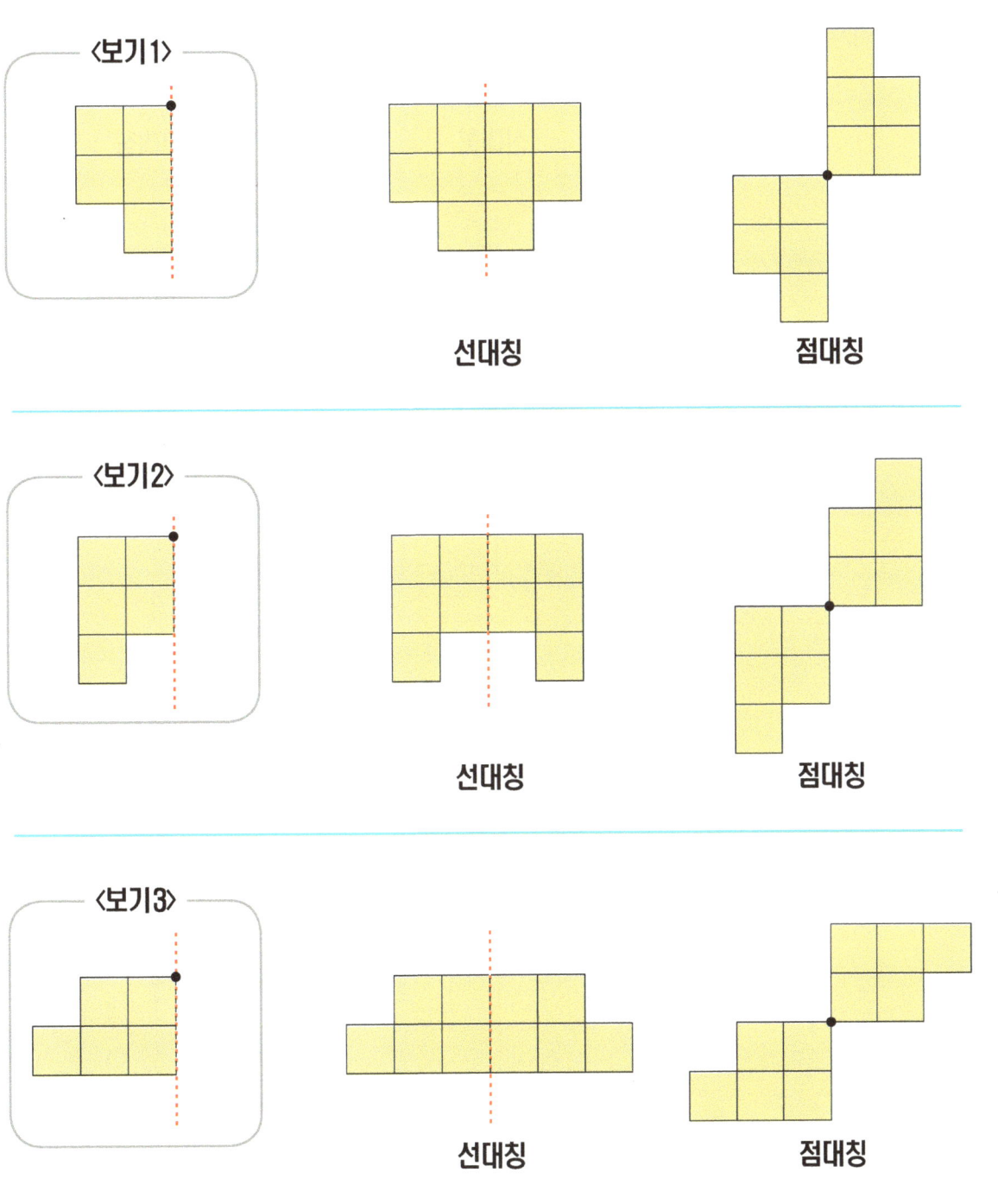

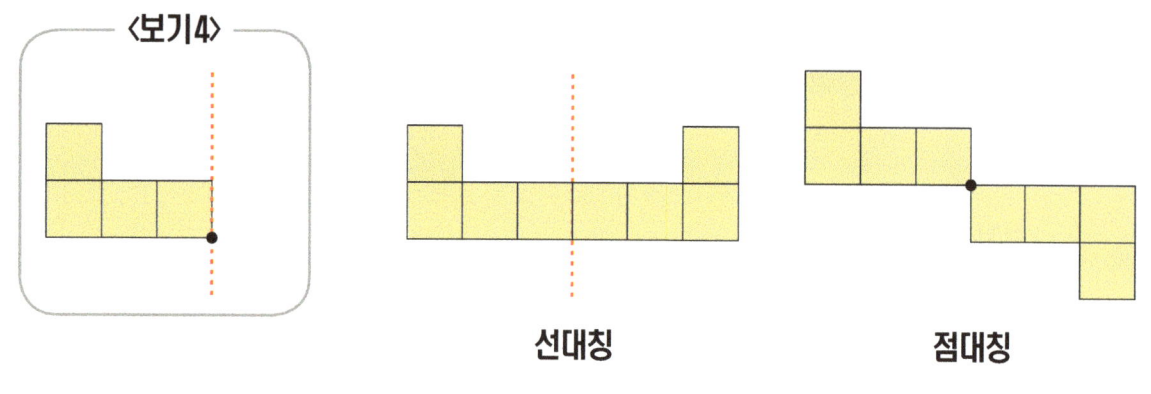

선대칭   점대칭

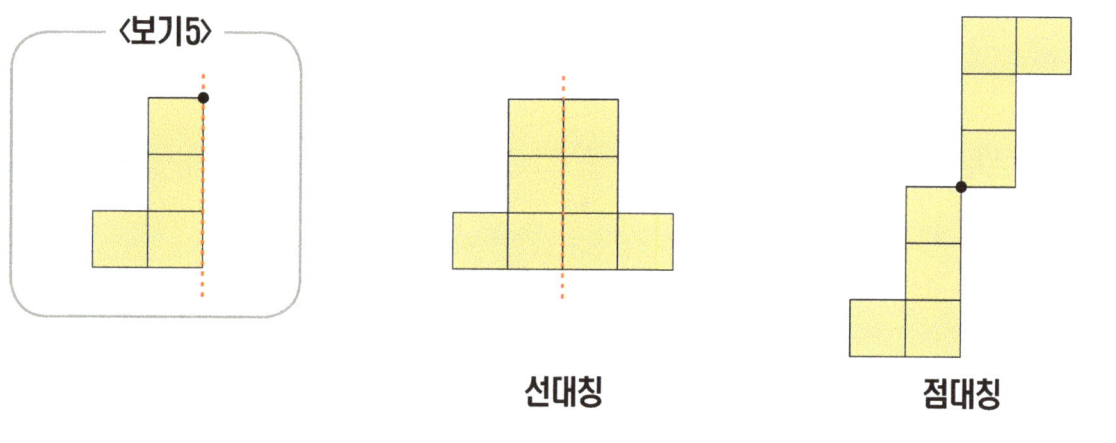

선대칭   점대칭

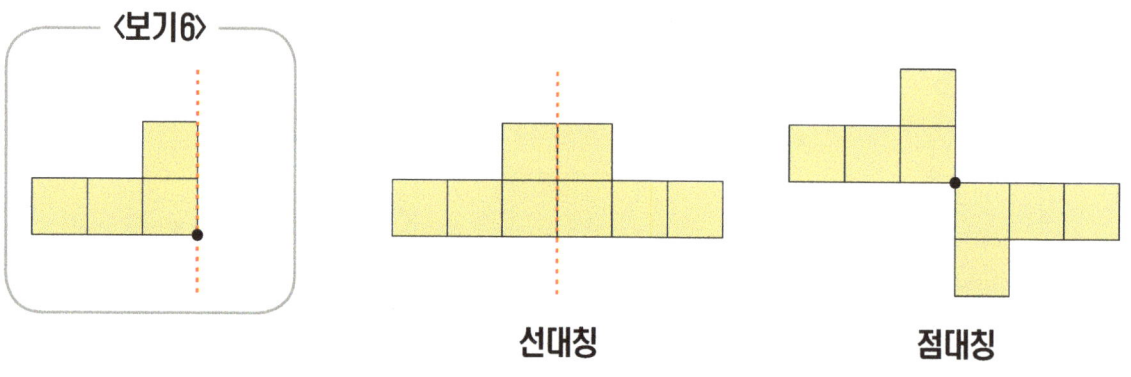

선대칭   점대칭

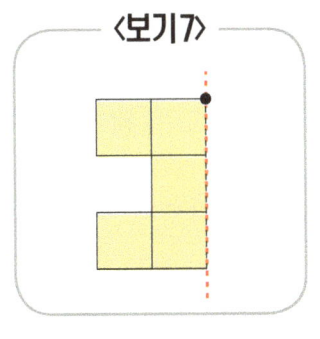 ⟨보기7⟩

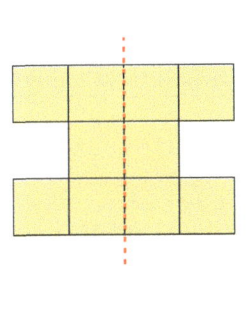
선대칭

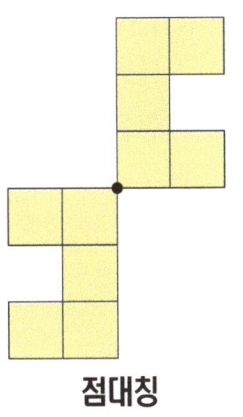
점대칭

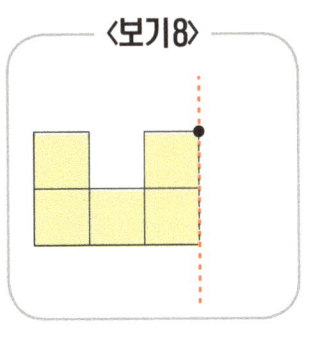 ⟨보기8⟩

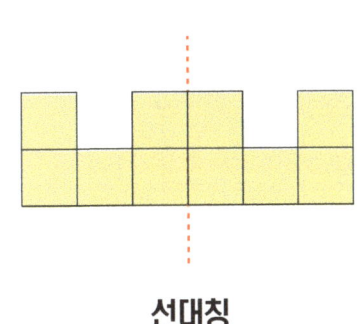
선대칭

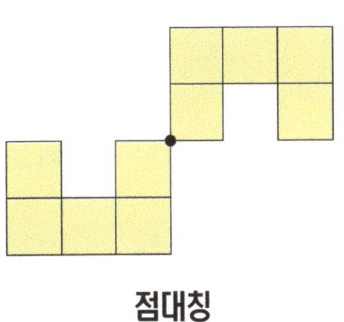
점대칭

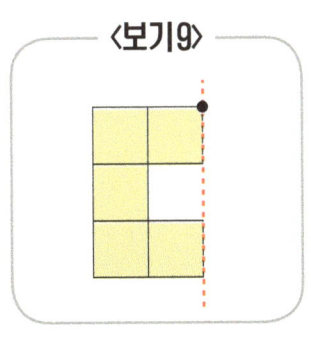 ⟨보기9⟩

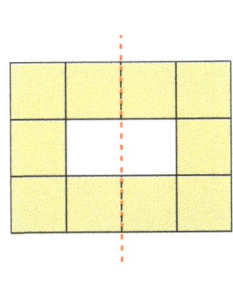
선대칭

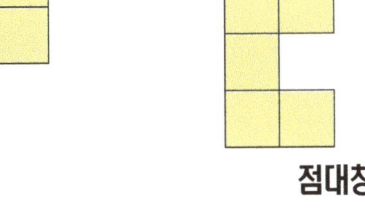
점대칭

5. 선대칭과 점대칭

선대칭과 점대칭이 모두 같은 모양을 알아 봅시다.

대칭을 할 모양 자체가 상·하·좌·우 대칭 모양은 어떤 방향으로 대칭시켜도 모두 같은 모양이 나옵니다.

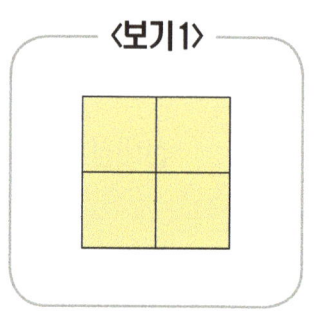

〈보기1〉

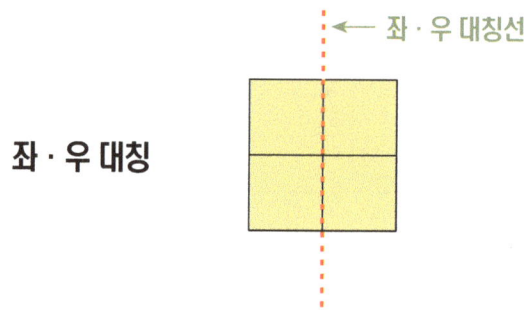

좌·우 대칭 / 좌·우 대칭선

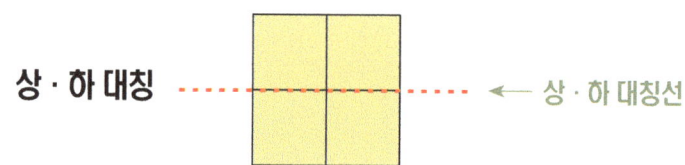

상·하 대칭 / 상·하 대칭선

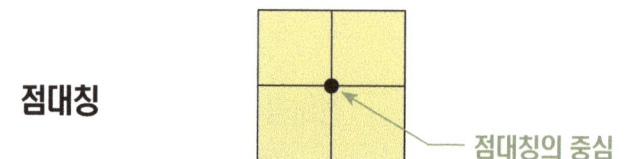

점대칭 / 점대칭의 중심

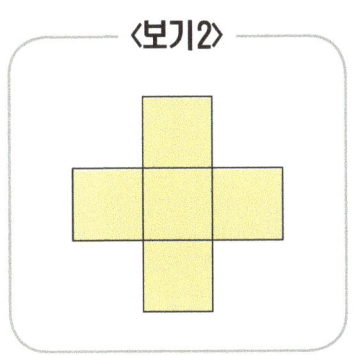

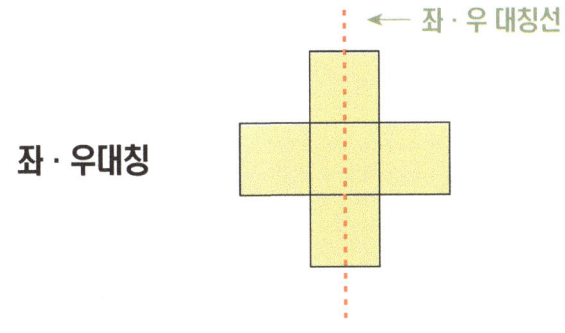

좌·우대칭

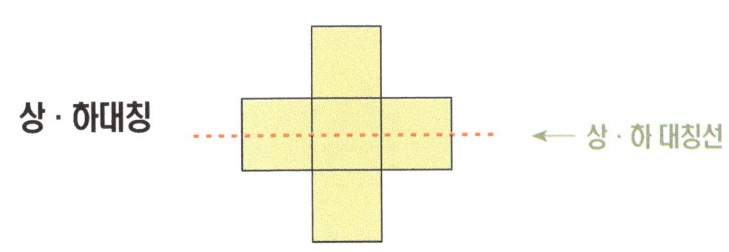

상·하대칭

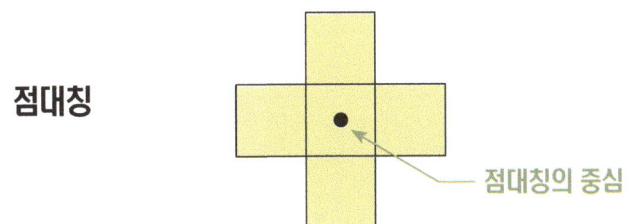

점대칭

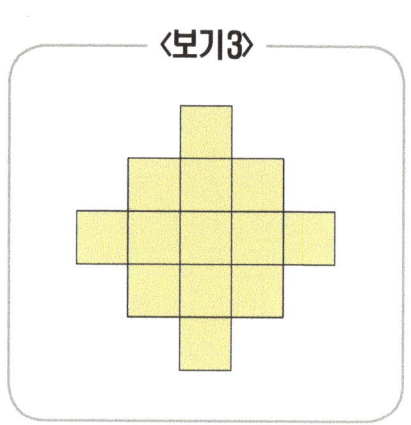

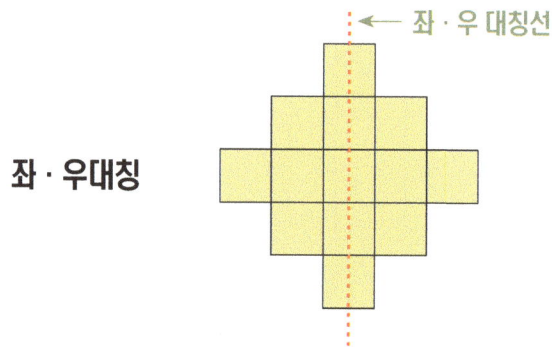

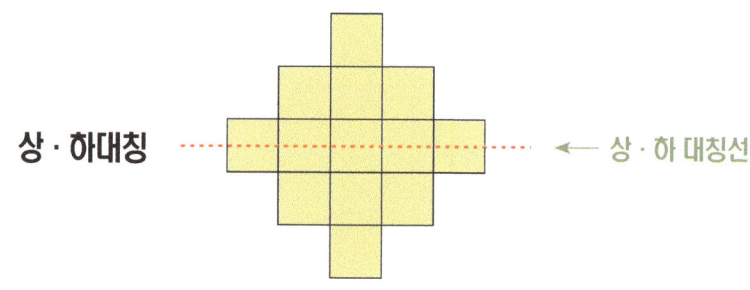

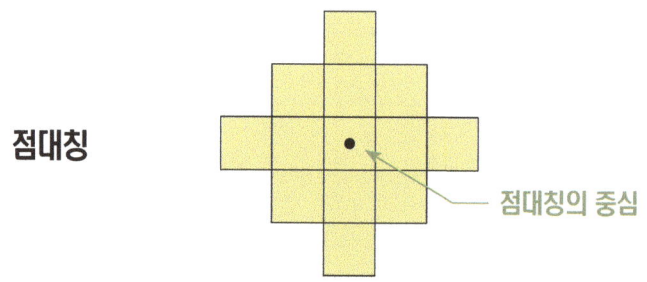

쌓기나무와 묶어세기

1. 같은 개수로 묶어 세기

여러 개의 쌓기나무를 같은 개수로 묶어 세는 방법은 여러 가지가 있습니다. 각 개수에 따라 같은 개수로 묶어 세는 방법은 몇 가지가 되는지 알아 봅시다.

- 4개의 쌓기나무를 같은 개수로 묶어세는 방법

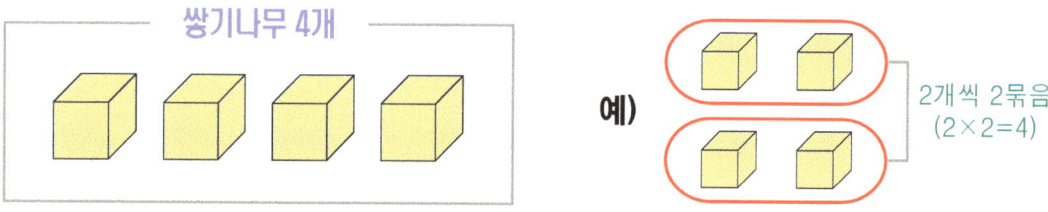

- 6개의 쌓기나무를 같은 개수로 묶어세는 방법

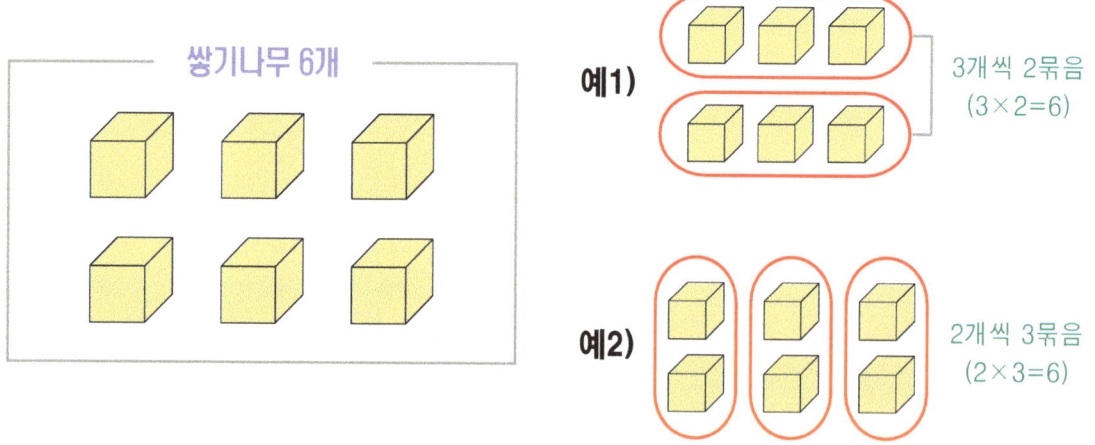

- 8개의 쌓기나무를 같은 개수로 묶어세는 방법

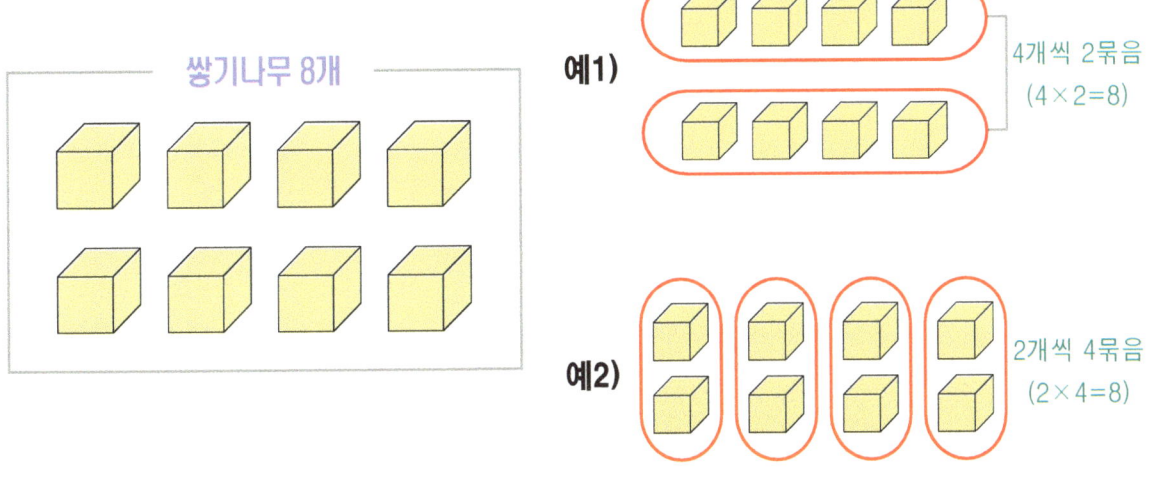

- 9개의 쌓기나무를 같은 개수로 묶어세는 방법

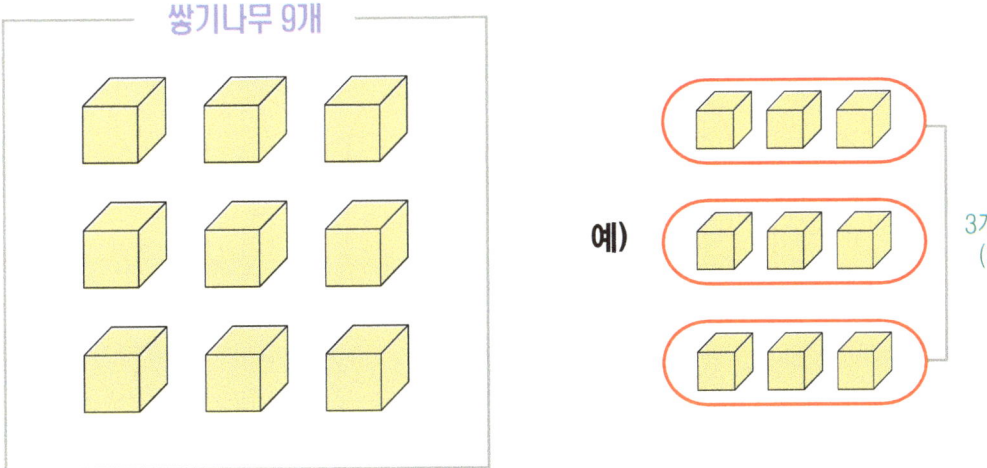

• 10개의 쌓기나무를 같은 개수로 묶어세는 방법

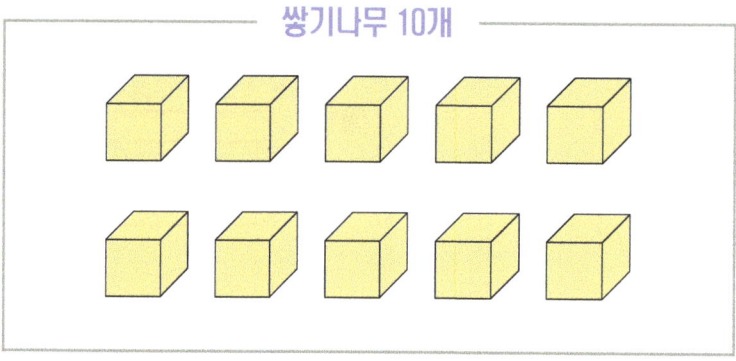

예1)
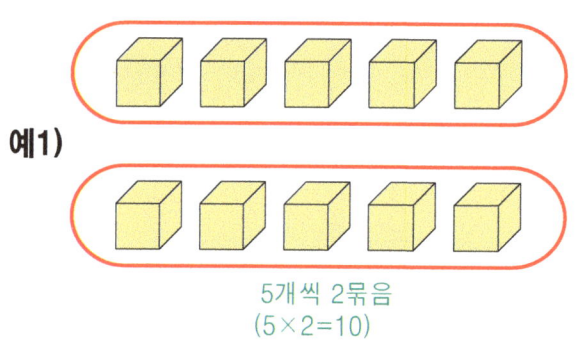
5개씩 2묶음
(5×2=10)

예2)
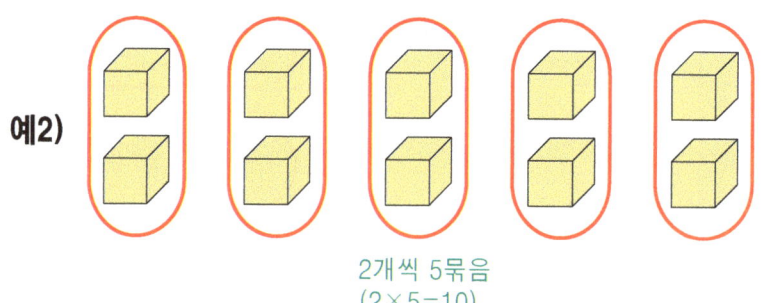
2개씩 5묶음
(2×5=10)

• 12개의 쌓기나무를 같은 개수로 묶어세는 방법

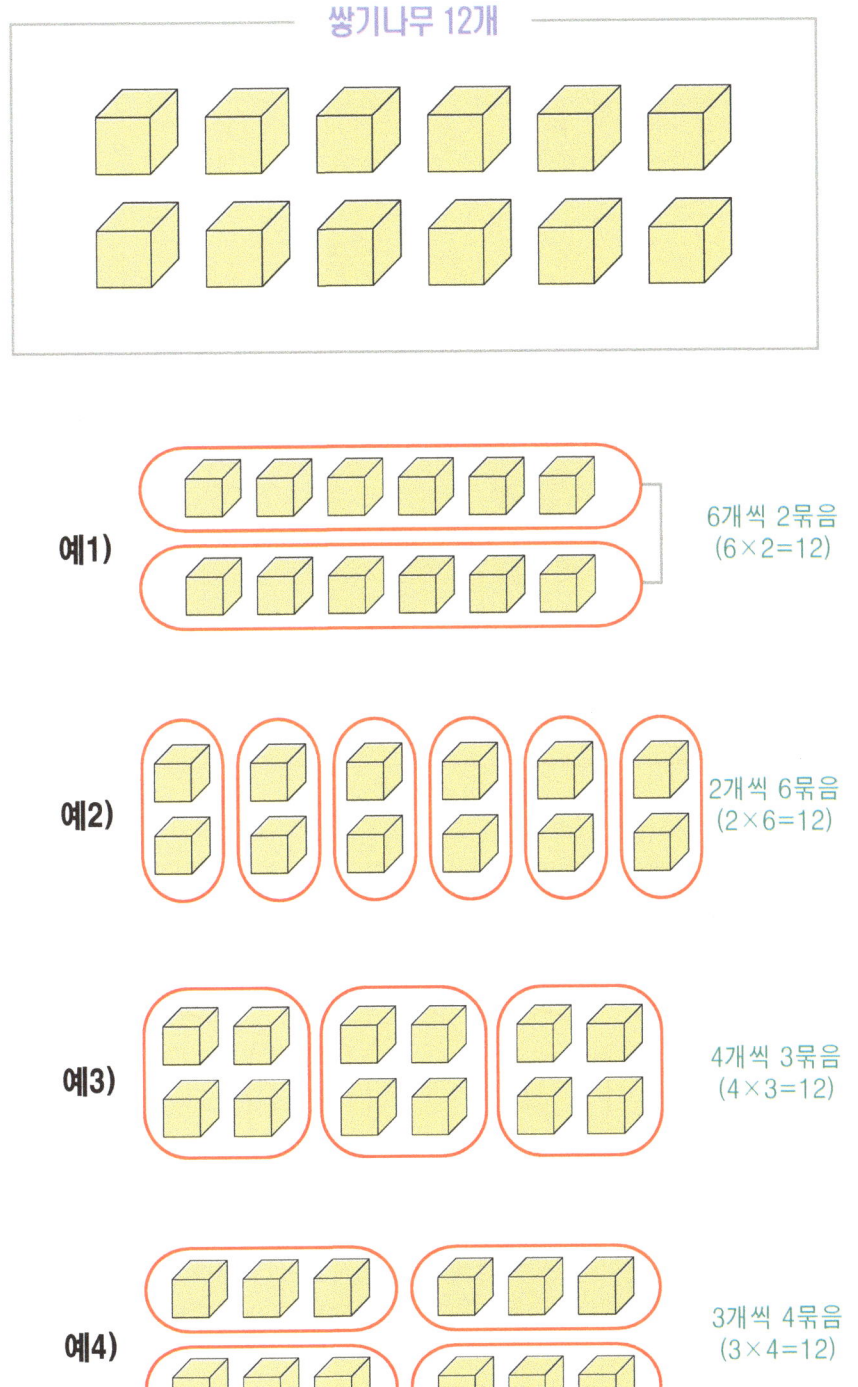

• 14개의 쌓기나무를 같은 개수로 묶어세는 방법

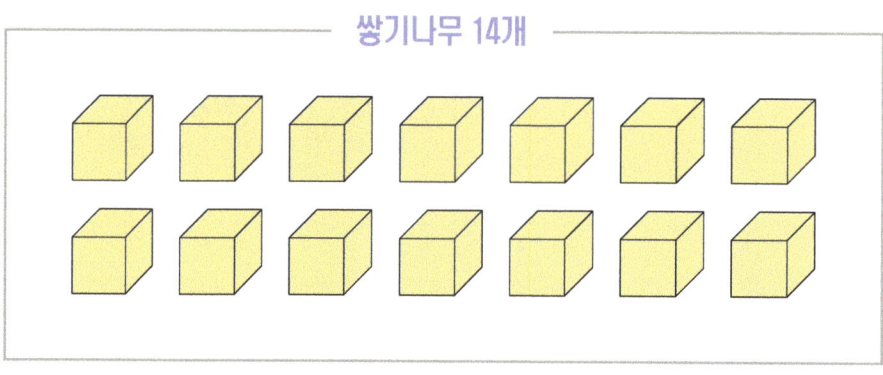

예1)

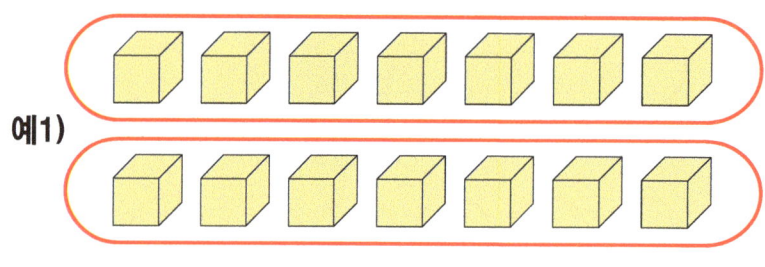

7개씩 2묶음
(7×2=14)

예2)

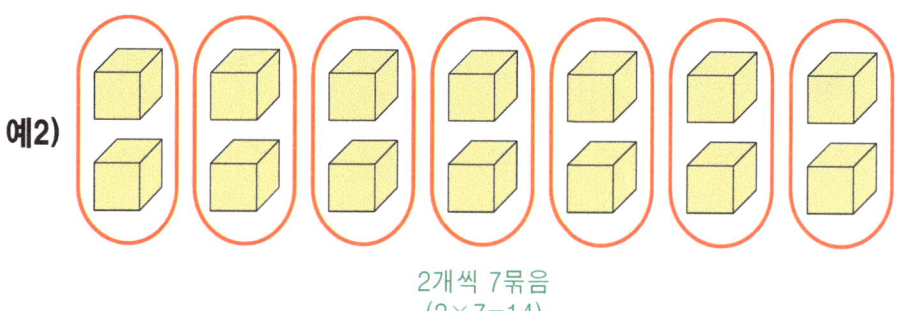

2개씩 7묶음
(2×7=14)

• 15개의 쌓기나무를 같은 개수로 묶어세는 방법

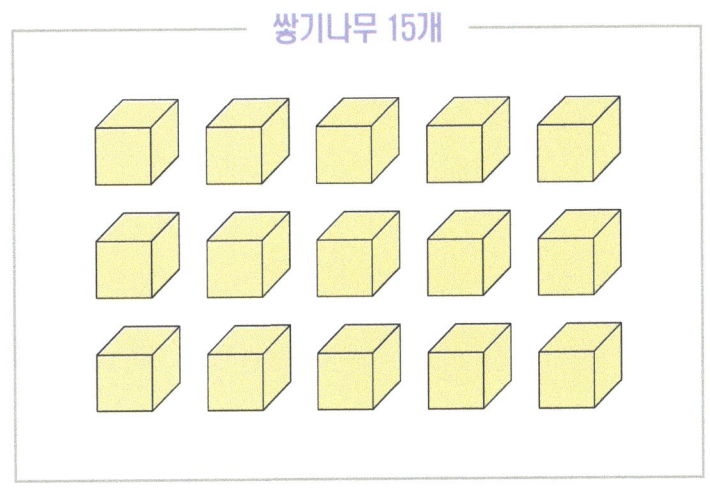

예1)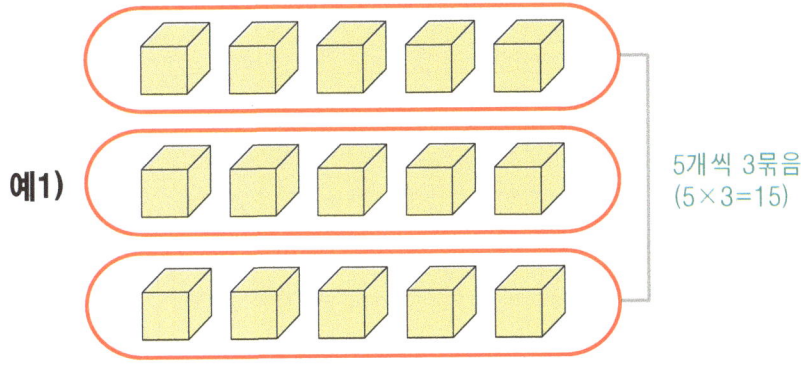

5개씩 3묶음
(5×3=15)

예2)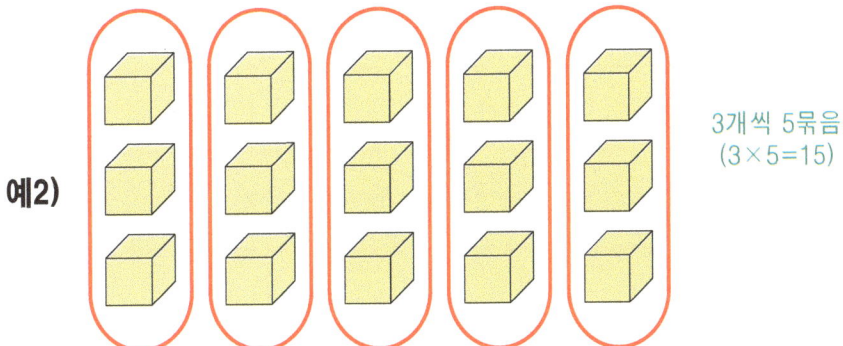

3개씩 5묶음
(3×5=15)

• 16개의 쌓기나무를 같은 개수로 묶어세는 방법

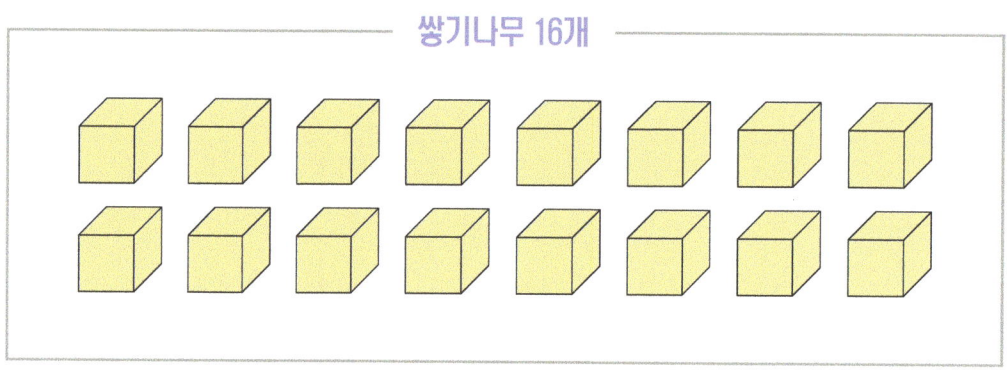

예1) 8개씩 2묶음 (8×2=16)

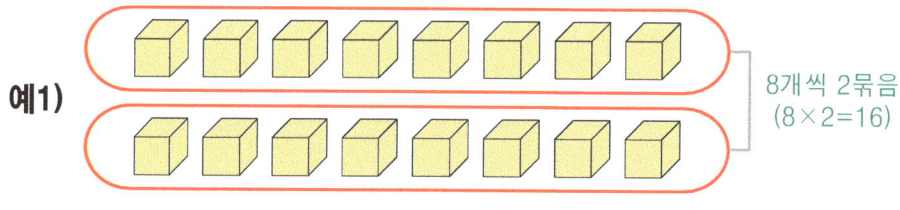

예2) 2개씩 8묶음 (2×8=16)

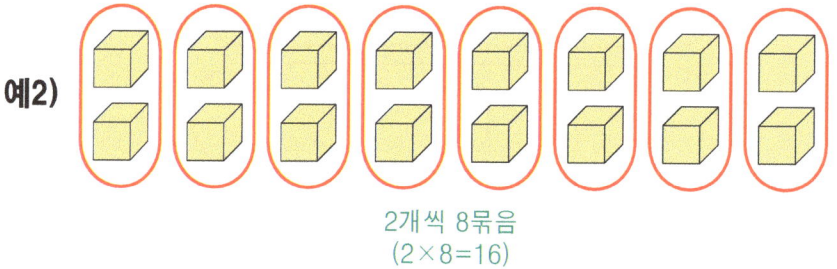

예3) 4개씩 4묶음 (4×4=16)

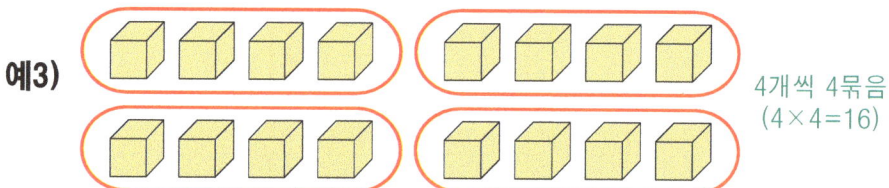

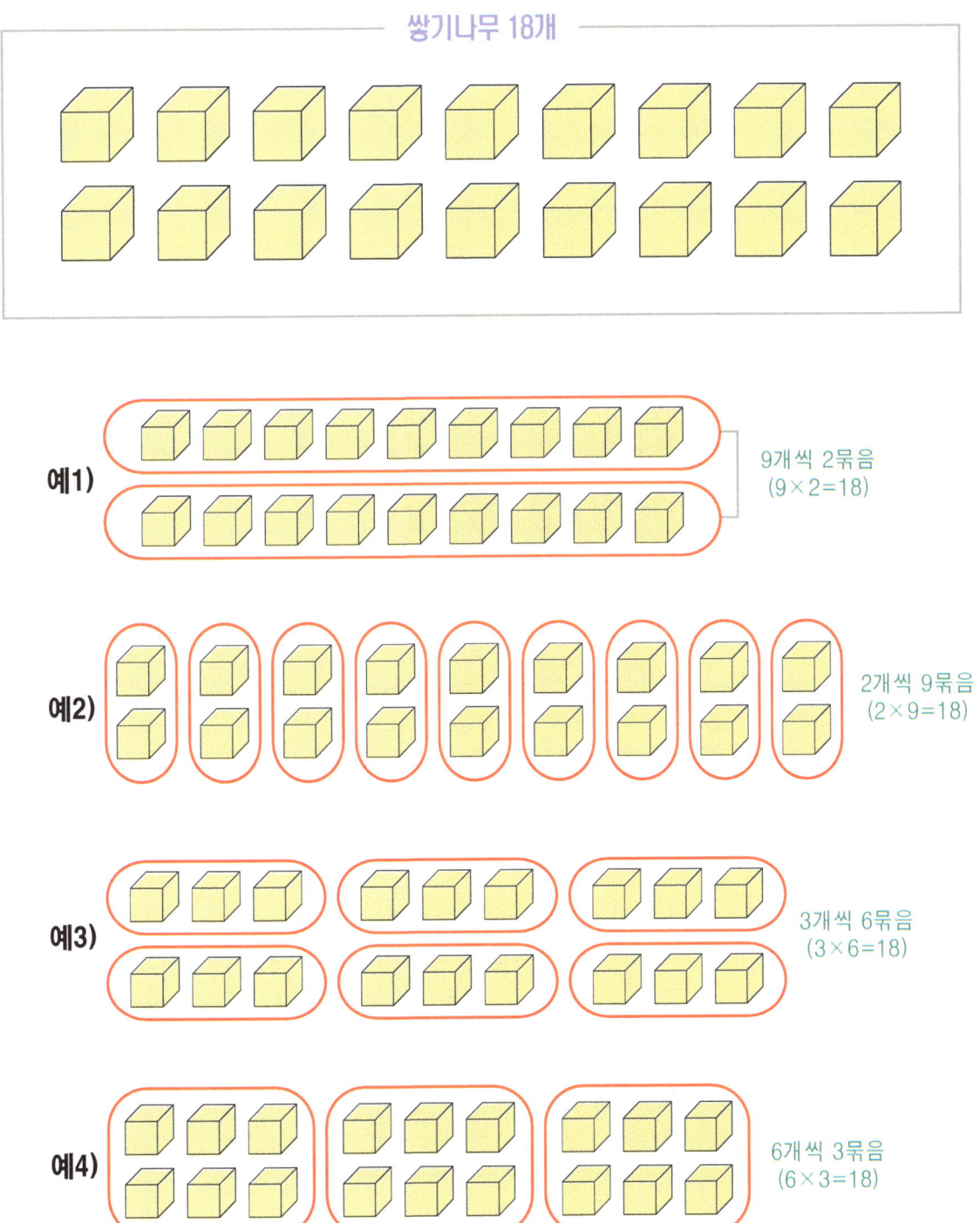

• 20개의 쌓기나무를 같은 개수로 묶어세는 방법

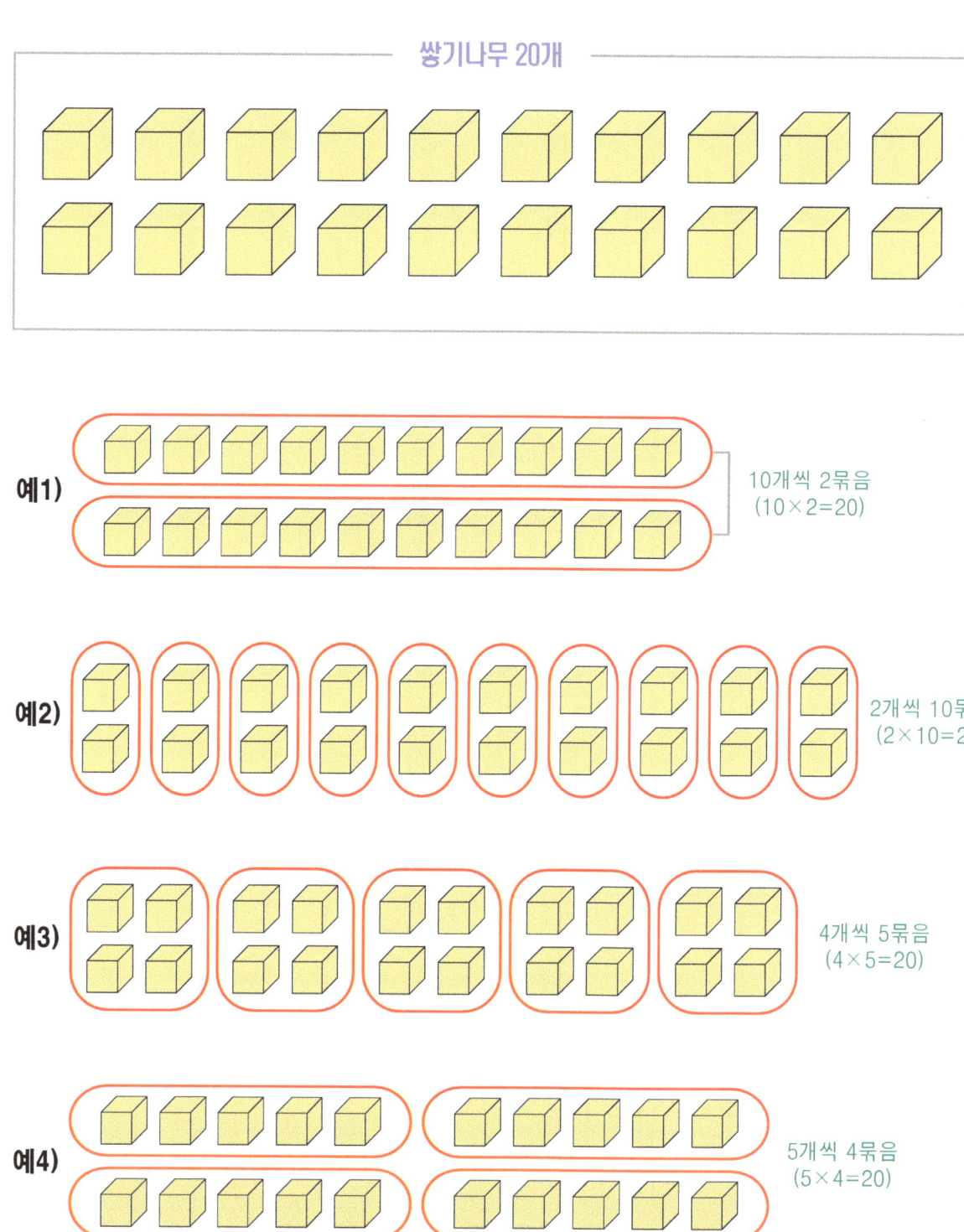

2. 묶어세기와 나머지

수 중에는 같은 개수로 묶을 수 없는 수도 있습니다. 같은 개수로 묶을 수 없는 수를 쌓기나무를 이용하여 알아 봅시다.

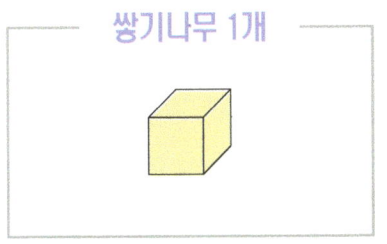

예) 1개는 기본 단위 입니다.

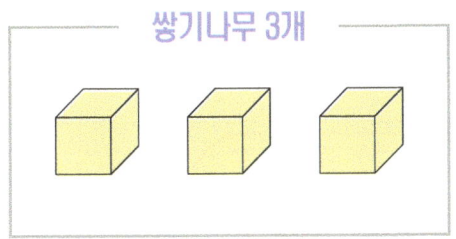

예)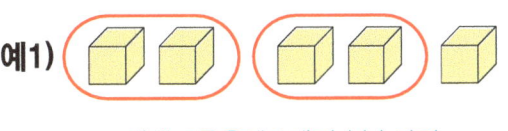

2개씩 묶으면 1개가 남습니다.

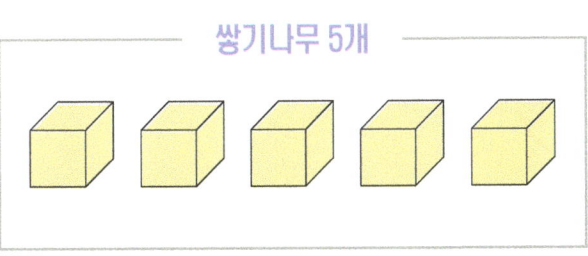

예1) 2개씩 2묶음에 1개가 남습니다.

예2)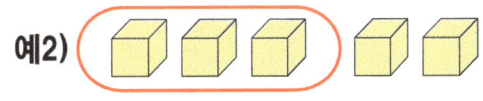

3개씩 묶으면 2개가 남습니다.

• 7개의 쌓기나무를 같은 개수로 묶어센 후 나머지

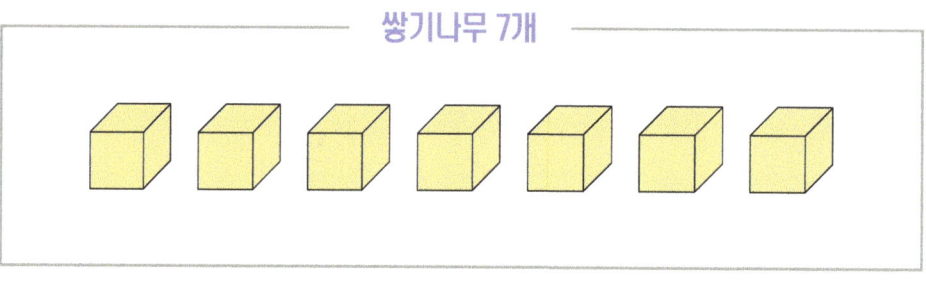

예1)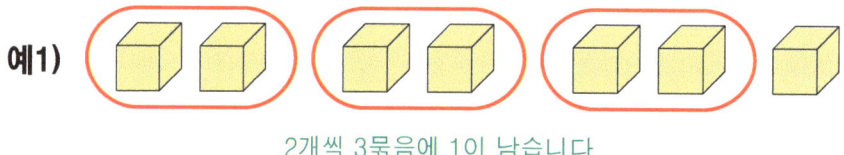

2개씩 3묶음에 1이 남습니다.
$(2 \times 3) + 1 = 7$

예2)

3개씩 2묶음에 1이 남습니다.
$(3 \times 2) + 1 = 7$

예3)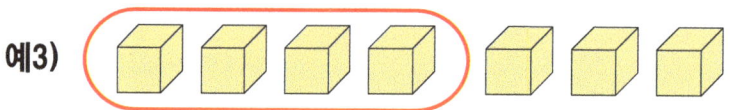

4개씩 1묶음에 3이 남습니다.
$(4 \times 1) + 3 = 7$

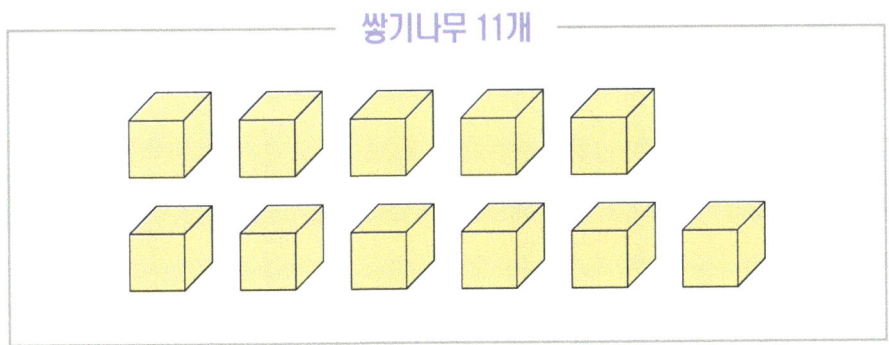

쌓기나무 11개

예1) 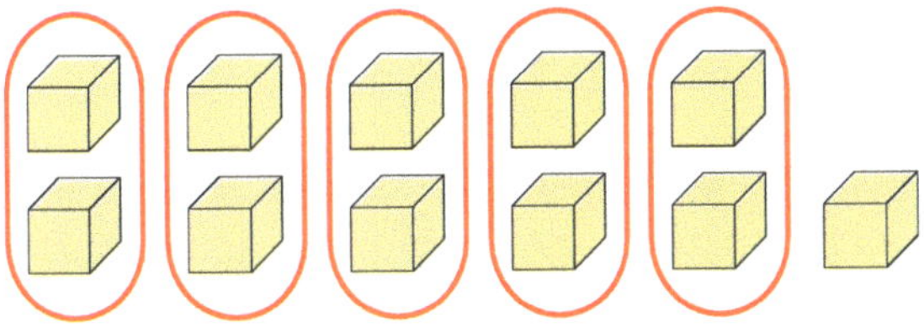 2개씩 5묶음에 1이 남습니다.
(2×5)+1=11

예2) 3개씩 3묶음에 2가 남습니다.
(3×3)+2=11

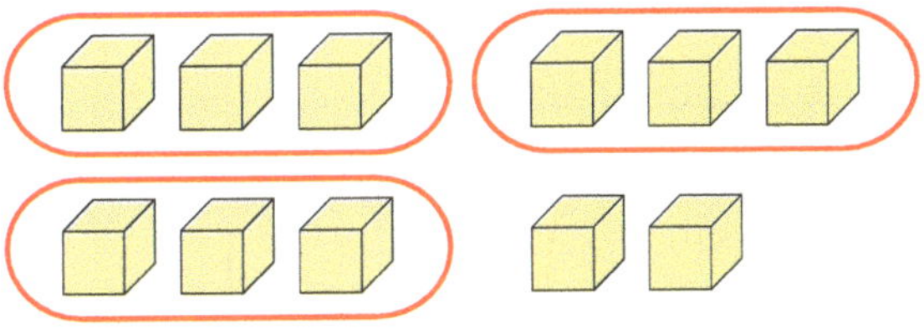

예3) 4개씩 2묶음에 3이 남습니다.
(4×2)+3=11

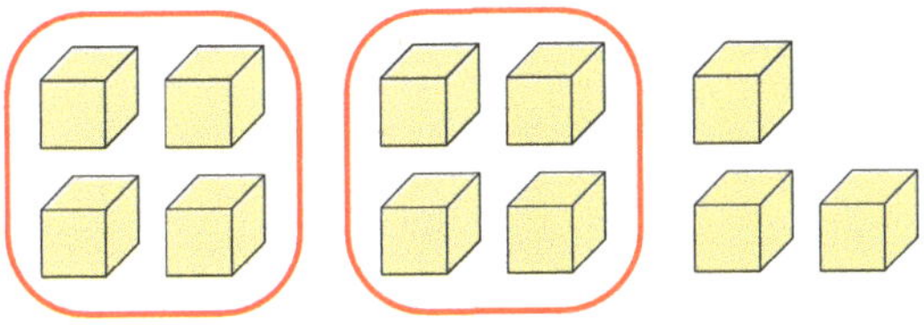

예4) 5개씩 2묶음에 1이 남습니다.
(5×2)+1=11

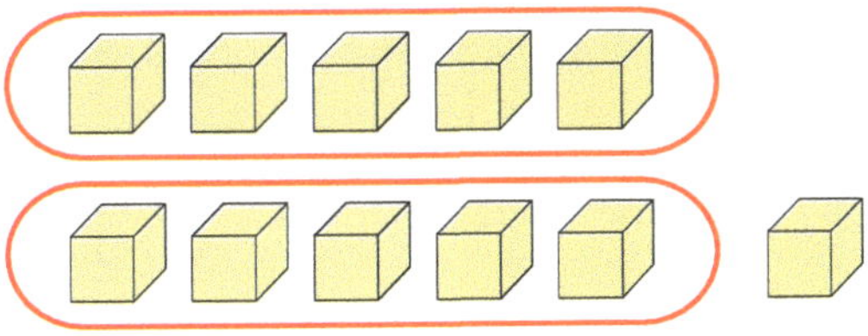

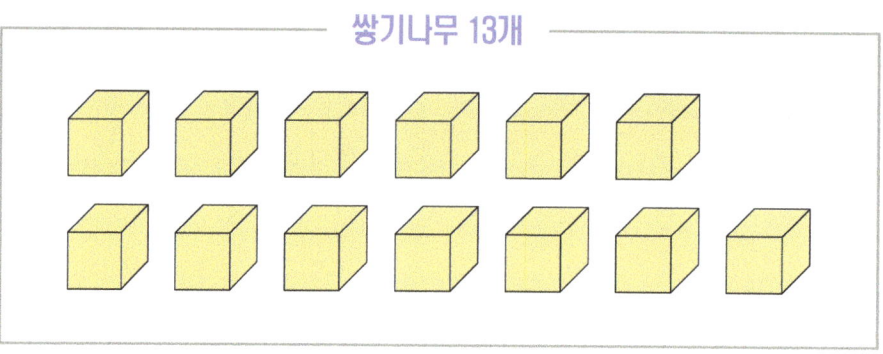

예1)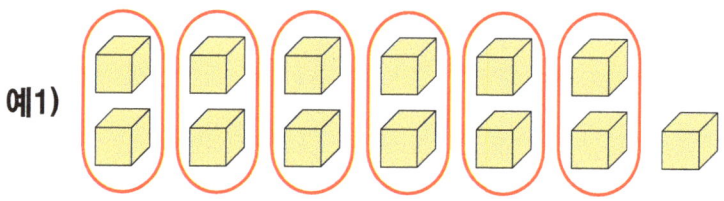

2개씩 6묶음에 1이 남습니다.
(2×6)+1=13

예2)

4개씩 3묶음에 1이 남습니다.
(4×3)+1=13

예3)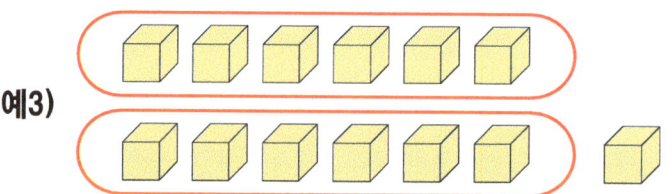

6개씩 2묶음에 1이 남습니다.
(6×2)+1=13

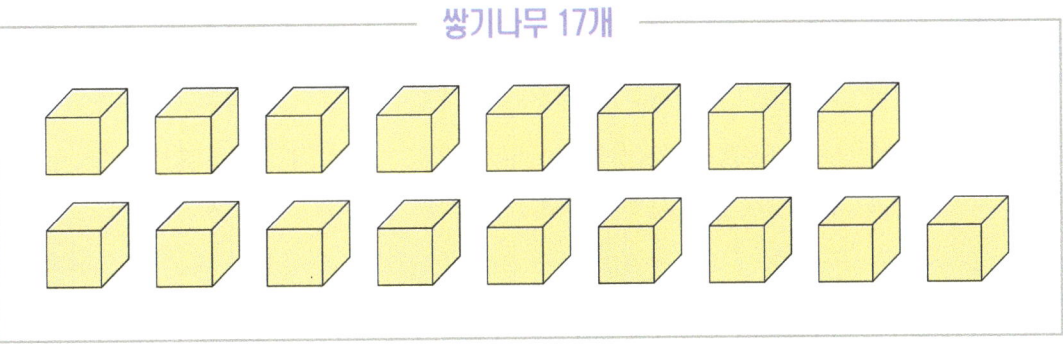

예1)

2개씩 8묶음에 1이 남습니다.
(2×8)+1=17

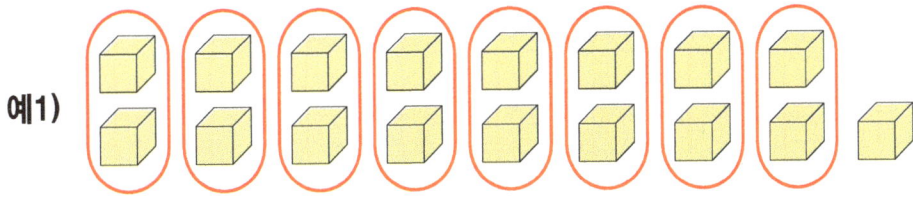

예2)

4개씩 4묶음에 1이 남습니다.
(4×4)+1=17

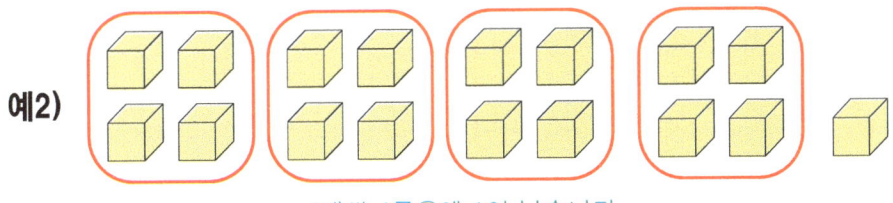

예3)

8개씩 2묶음에 1이 남습니다.
(8×2)+1=17

쌓기나무 19개

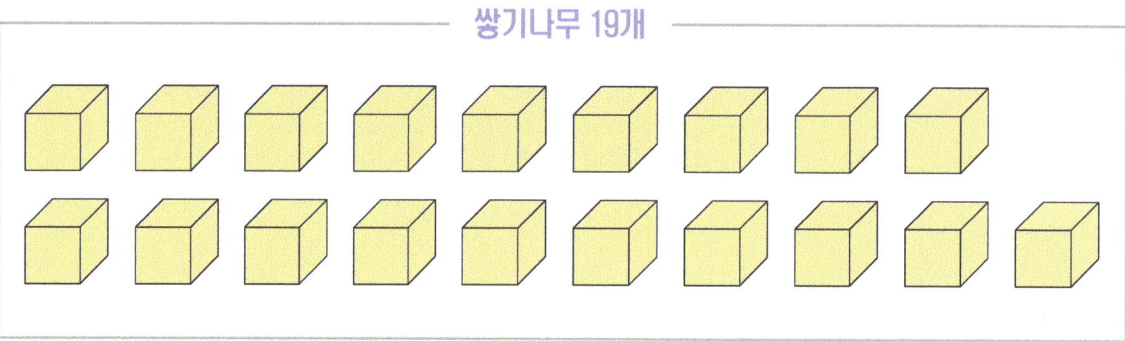

예1)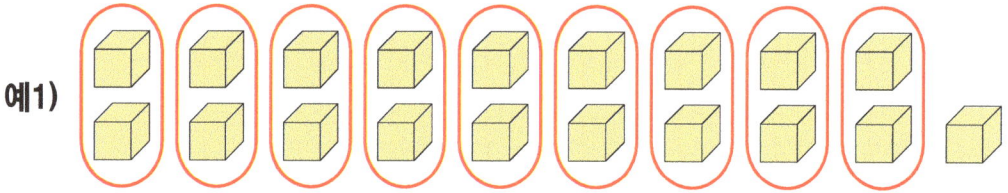

2개씩 9묶음에 1이 남습니다.
(2×9)+1=19

예2)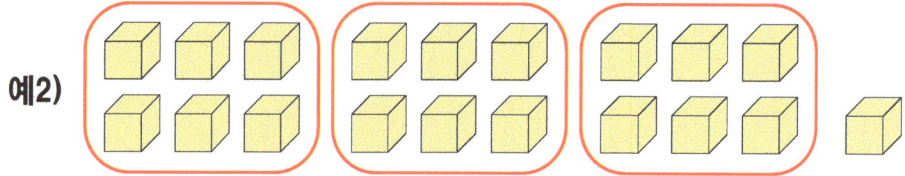

6개씩 3묶음에 1이 남습니다.
(6×3)+1=19

예3)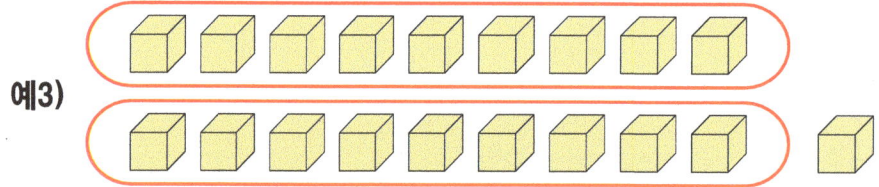

9개씩 2묶음에 1이 남습니다.
(9×2)+1=19

쌓기나무와 여러가지 게임

창의력 마당수학
전략 학습 게임 시리즈

1. 한 묶음 님 게임

- **놀이의 목적 :** 정해진 개수의 쌓기나무를 1~3개씩 가져가면서 마지막 쌓기나무를 가져가지 않도록 한다.

- **교육적 효과 :** 수열과 수의 규칙을 찾을 수 있다.

- **놀이 인원 :** 2명

- **놀이 준비물 :** 쌓기나무 20개 ……

- **놀이의 진행 :** ① 쌓기나무 20개를 적당한 간격으로 늘어 놓는다.
  ② 가위·바위·보로 순서를 정한다.
  ③ 순서가 돌아오면 한번에 1개에서 3개까지 임의로 쌓기나무를 가져간다.
  ④ 순서대로 쌓기나무를 가져가다 마지막 20번째 쌓기나무를 가져가는 사람이 지는 게임이다.

- **놀이의 규칙 :** ① 한번에 1개에서 3개까지 가져갈 수 있다.
  ② 게임을 하면서 수의 규칙을 찾을 수 있다.

〈힌트〉

20개의 쌓기나무가 있을 경우 1~20개 중 ○안의 순서를 가져가게 되면 무조건 게임을 이길 수 있다.

| 1 | 2 | ③ | 4 | 5 | 6 | ⑦ | 8 | 9 | 10 |
| ⑪ | 12 | 13 | 14 | ⑮ | 16 | 17 | 18 | ⑲ | 20 |

처음 3개를 가져간 후 다음 부터는 나온 수에 4를 더한 수부터 가져가면 이긴다.

3   3 + 4 = 7   7 + 4 = 11   11 + 4 = 15   15 + 4 = 19

■ ○안의 숫자를 가져가기 위한 전략

처음에 반드시 3개를 가져가고 나머지는 수의 규칙에 따라 가져가면 20번째 쌓기나무를 상대편이 가져가게 된다.

① 먼저하게 되면 무조건 1, 2, 3(3개)를 가져간다.

② 그 다음 부터는 상대편이 1개(4)를 가져가면 3개(5, 6, 7)를 가져가고, 2개(4, 5)를 가져가면 2개(6, 7)를 가져가고 3개(4, 5, 6)를 가져가면 1개(7)를 가져가면 된다.

③ 그다음도 마찬가지 방법으로 가져가면 3을 처음에 가져간 사람이 7, 11, 15, 19의 순서를 가져갈 수 있게 된다.

■ 수의 규칙 찾기

- 3, 7, 11, 15, 19에서 찾을 수 있는 수의 규칙은 3부터 시작해서 4씩 수가 더해지는 것을 알 수 있다.

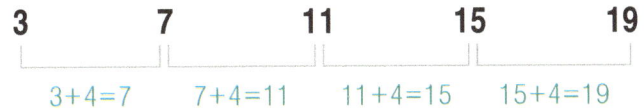

- 3, 7, 11, 15, 19에서 찾을 수 있는 수의 규칙은 4의 배수에서 각각 1을 뺐다는 것을 알 수 있다. (4의 배수: 4, 8, 12, 16, 20, ……)

3   7   11   15   19
4−1=3   8−1=7   12−1=11   16−1=15   20−1=19

■ 한 묶음 님게임 진행의 예

B가 이기는 경우로 님게임을 진행해 봅시다.(3, 7, 11, 15, 19)를 가져가면 이긴다.

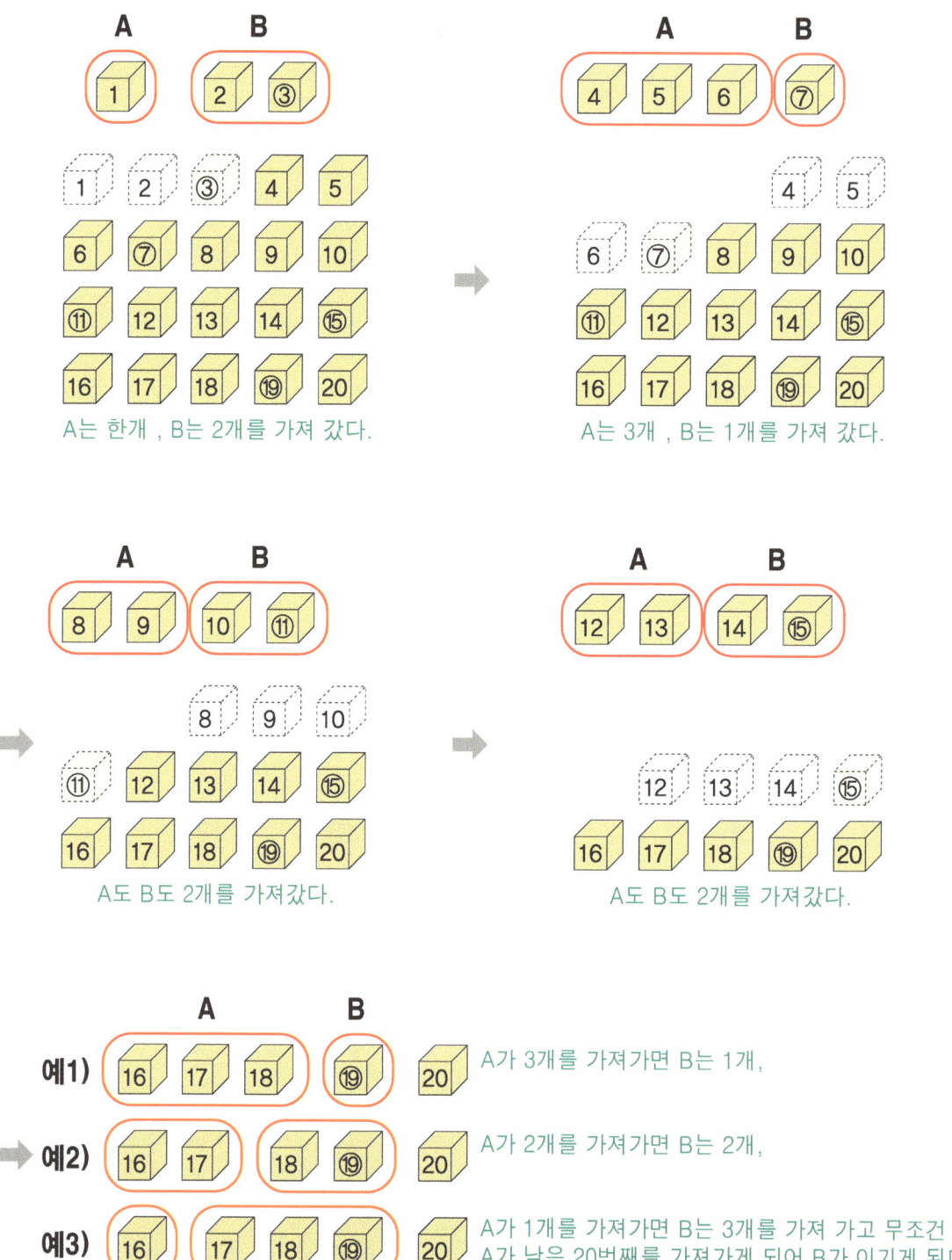

2. 두 묶음 님 게임

- **놀이의 목적 :** 정해진 개수의 쌓기나무를 1~3개씩 가져가면서 마지막 쌓기나무를 가져가지 않도록 한다.

- **교육적 효과 :** 수열과 수의 규칙을 찾을 수 있다.

- **놀이 인원 :** 2명

- **놀이 준비물 :** 쌓기나무 20개 ......

- **놀이의 진행 :**
  ① 쌓기나무 20개를 준비한다.
  ② 쌓기나무를 10개씩 서로 섞이지 않도록 두 곳에 떨어뜨려 놓는다.

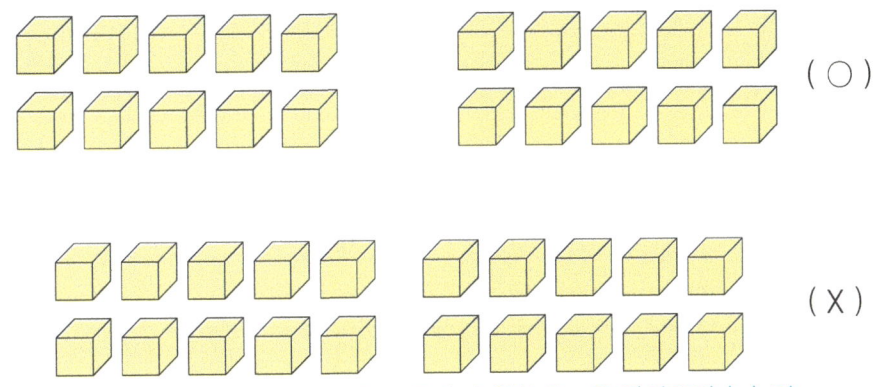

서로 섞이면 안되므로 두 묶음의 구별이 확실하도록 떨어뜨려 놓는다.

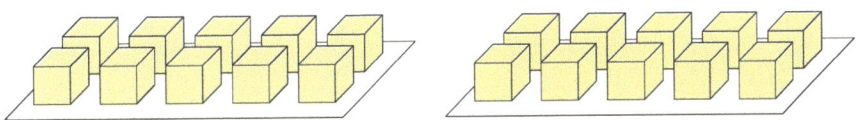

바닥에 종이 등을 깔고 구분을 하는 것도 좋은 방법이다.

③ 가위·바위·보로 순서를 정한다.
④ 순서가 돌아오면 한번에 1개에서 3개까지 선택해서 쌓기나무를 가져간다.(이때 쌓기나무의 개수와 상관없이 한쪽 묶음에서만 가져가도록 한다.)
⑤ 순서대로 쌓기나무를 가져가다 마지막 20번째 쌓기나무를 가져가는 사람이 지게 된다.

■ **놀이의 규칙 :** ①한번에 1개에서 최대 3개까지 가져갈 수 있다.
②가져갈 때마다 두 묶음 중 한쪽 묶음을 선택해서 개수와 상관없이 한쪽 묶음에서만 가져간다.

2개, 3개를 가져갈 때에도 한쪽 묶음에서만 가져가야지 양쪽의 묶음에서 섞어서 가져가면 안된다.

예1) 2개를 가져갈 경우

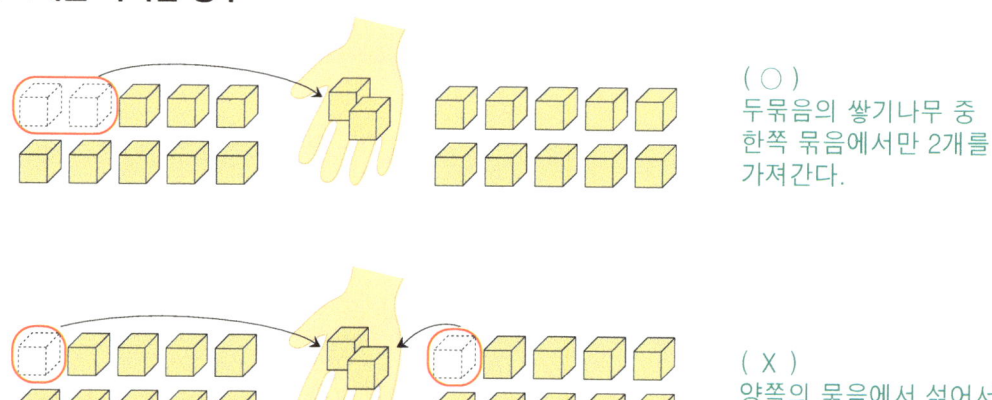

예2) 3개를 가져갈 경우

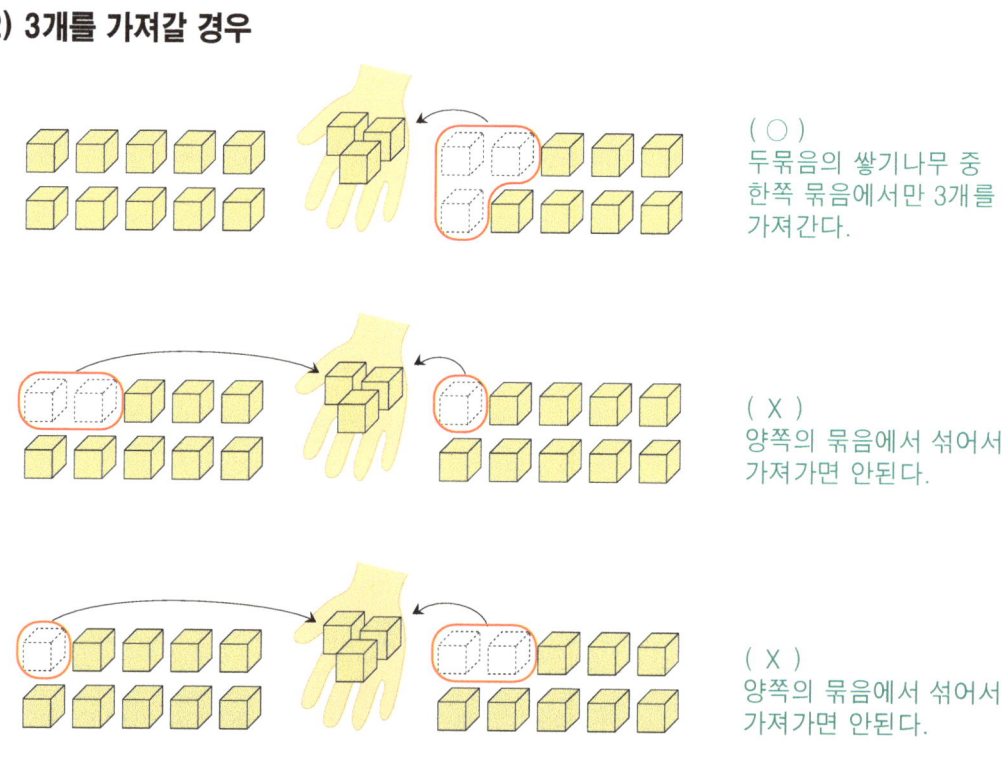

■ 두 묶음 님게임 진행의 예

A가 먼저 시작한 경우

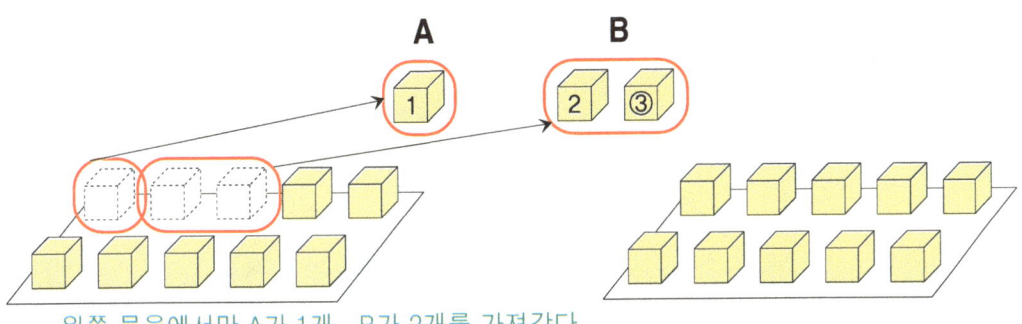

왼쪽 묶음에서만 A가 1개, B가 2개를 가져갔다.

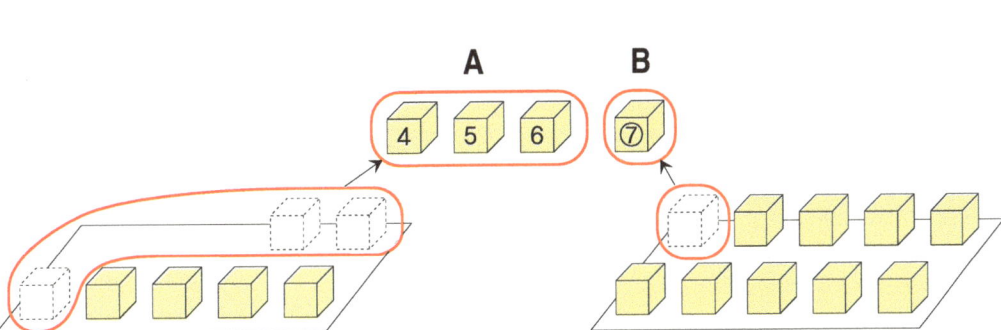

왼쪽 묶음에서 A가 3개, 오른쪽 묶음에서 B가 1개를 가져갔다.

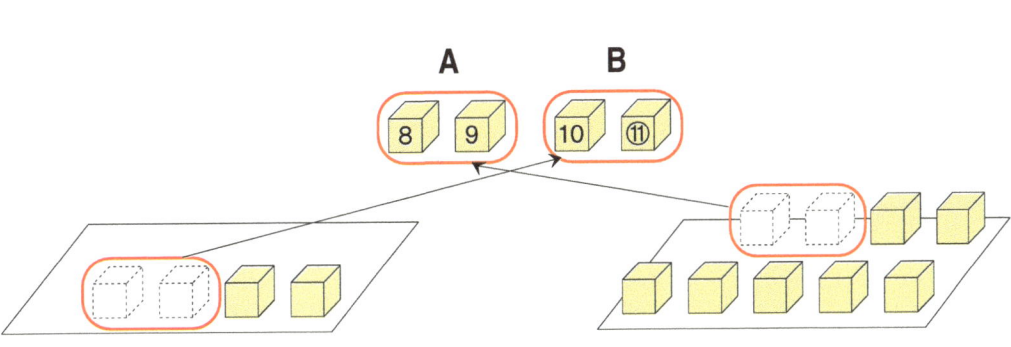

오른쪽 묶음에서 A가 2개, 왼쪽 묶음에서 B가 2개를 가져갔다.

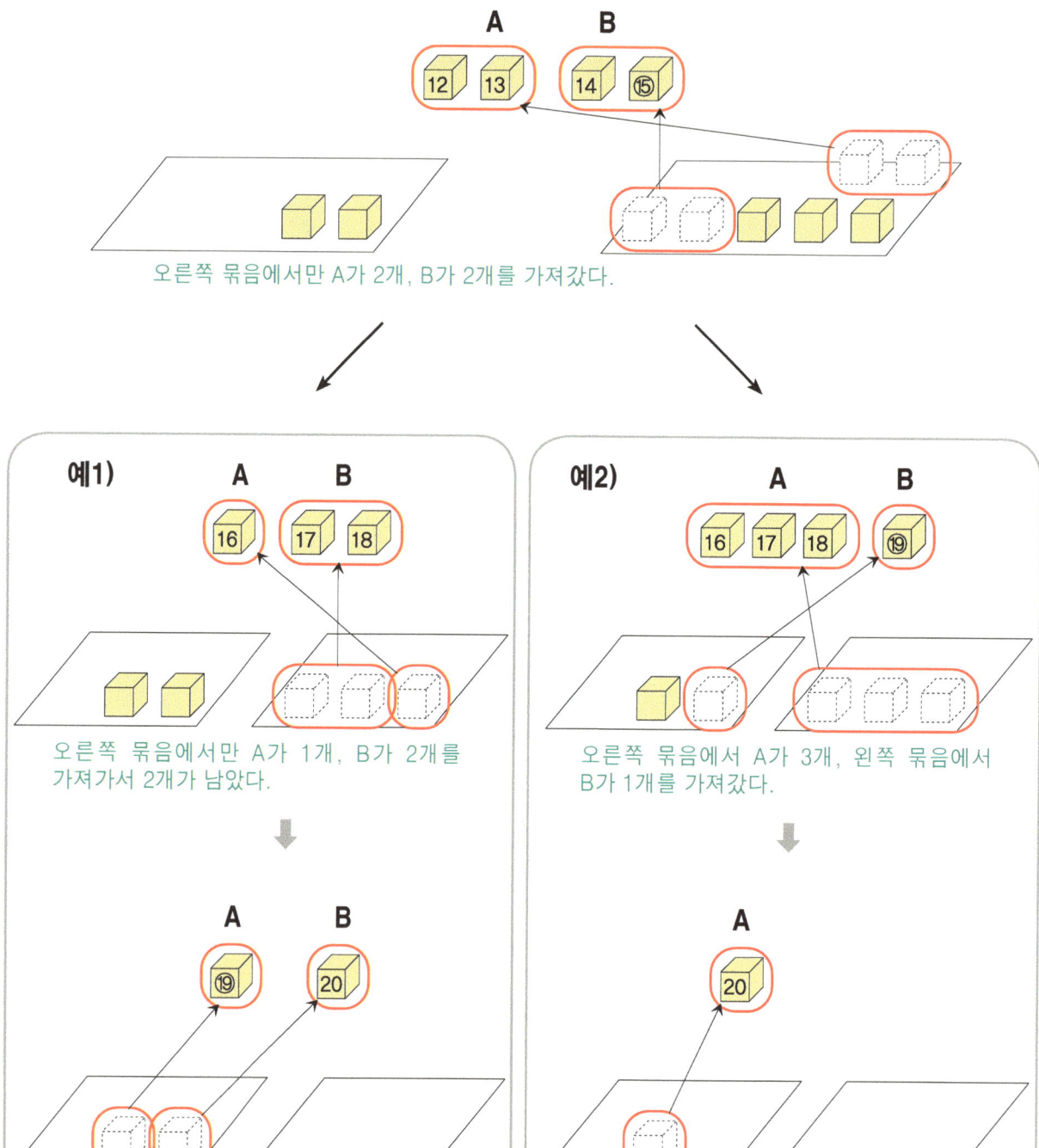

두묶음으로 나누어 게임을 하게 되면 3, 7, 11, 15, 19순서대로 가져갈 수 없게 되는 경우가 생깁니다. 한묶음 님게임과 비교해 보세요.

3. 쌓기나무 높이쌓기

- **놀이의 목적 :** 쌓기나무를 1개씩 쓰러뜨리지 않고 최대한 높이 쌓는다.
- **교육적 효과 :** 집중력과 무게 중심, 균형을 익히게 된다.
- **놀이 인원 :** 2-4명
- **놀이 준비물 :** 쌓기나무 ⬜⬜⬜⬜ ······
- **놀이의 진행 :** ① 쌓기나무를 최대한 많이 준비한다.
   ② 가위·바위·보로 순서를 정해 번갈아 가며 쌓기나무를 1개씩 위로 쌓는다.
   ③ 쌓다가 먼저 쓰러뜨린 사람이 지게 된다.

- **놀이의 규칙 :** ① 쌓기나무를 쌓을 때 상대방을 건드리거나 하여 방해하지 않는다.

[무게 중심 잡는 법]

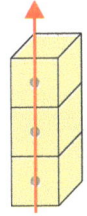
중심이 중앙에 잡혀 안정적이다.

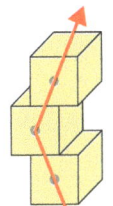
두번째 쌓은 쌓기나무가 왼쪽으로 쏠렸지만 3번째 쌓기나무를 오른쪽으로 쏠리게 쌓으면 균형이 잡혀 쓰러지지 않는다.

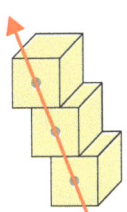
중심이 왼쪽으로만 쏠려 쓰러지게 된다.

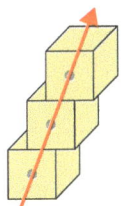
중심이 오른쪽으로만 쏠려 쓰러지게 된다.

■ 쌓기나무 높이쌓기 진행의 예)

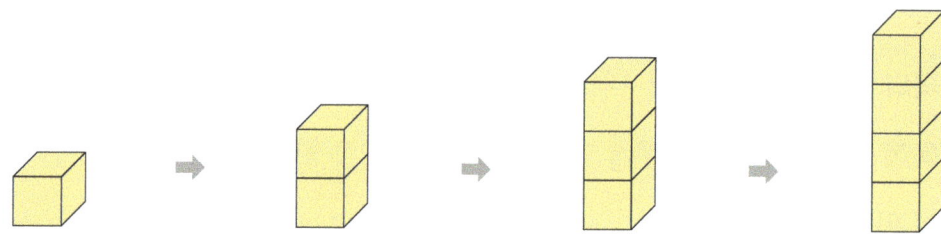

번갈아가며 차근차근 쌓아 올라간다.

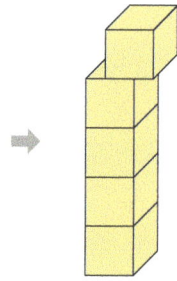

일정한 높이가 되면 다음 사람이 쌓기 힘들도록 무게 중심을 바꿔 쌓는다.

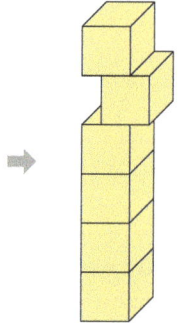

무게 중심을 잡기 위해 먼저 쌓은 쌓기나무의 반대쪽으로 쌓기나무를 쌓아 균형을 잡는다.

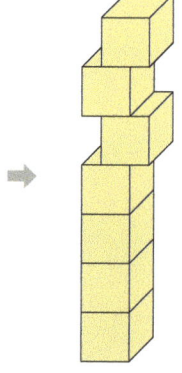

위로 올라갈수록 균형잡기가 힘들어서 어느 순간 무너지게 된다.

4. 쌓기나무 빼내기

■ **놀이의 목적 :** 일정한 높이로 쌓은 쌓기나무를 무너뜨리지 않고 임의의 블록을 빠르게 쳐내어 빼낸다.

■ **교육적 효과 :** 집중력과 순발력을 기를 수 있고 무게 중심, 균형을 익히게 된다.

■ **놀이 인원 :** 2-4명

■ **놀이 준비물 :** 쌓기나무 20개 🟨🟨🟨🟨 ……

■ **놀이의 진행 :** ① 쌓기나무를 높이 쌓는다.
② 가위·바위·보로 순서를 정한다.
③ 순서가 돌아오면 쌓아진 쌓기나무 중 1개의 쌓기나무를 재빠르게 쳐낸다.
④ 쌓기나무를 쓰러뜨리지 않고 빼내면 다음 사람도 같은 방법으로 쌓기나무를 빼낸다.
⑤ 쌓기나무를 빼내다가 쓰러뜨린 사람이 지게 된다.

■ **놀이의 규칙 :** ① 처음에는 4개 정도 쌓고 시작하다 익숙해지면 차츰차츰 개수를 늘려가며 게임을 한다.
② 높이 쌓을 경우 빼내고 싶은 쌓기나무 외에 다른 쌓기나무가 같이 떨어져도 전체의 쌓기나무가 무너지지 않으면 게임을 계속해 나간다.

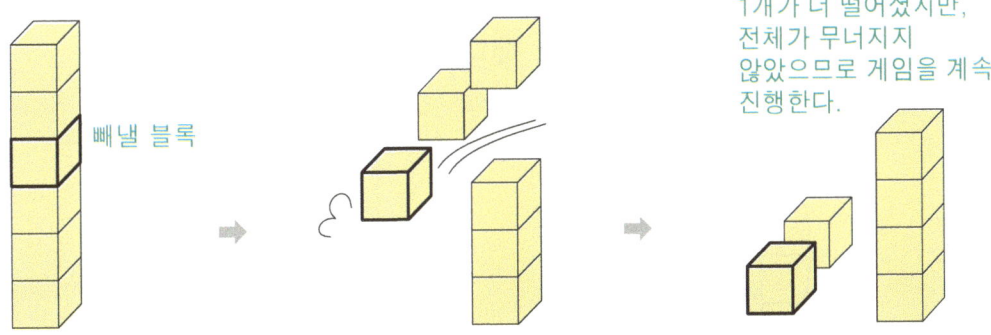

③ 쌓기나무가 2개 남게 되면 더이상 빼낼 쌓기나무가 없게 되므로 1개-5개 정도를 순서가 돌아온 사람이 알아서 올린다.

④ 최대한 빠르고 정확하게 쳐내야 쌓기나무를 쓰러뜨리지 않고 빼낼 수 있다.

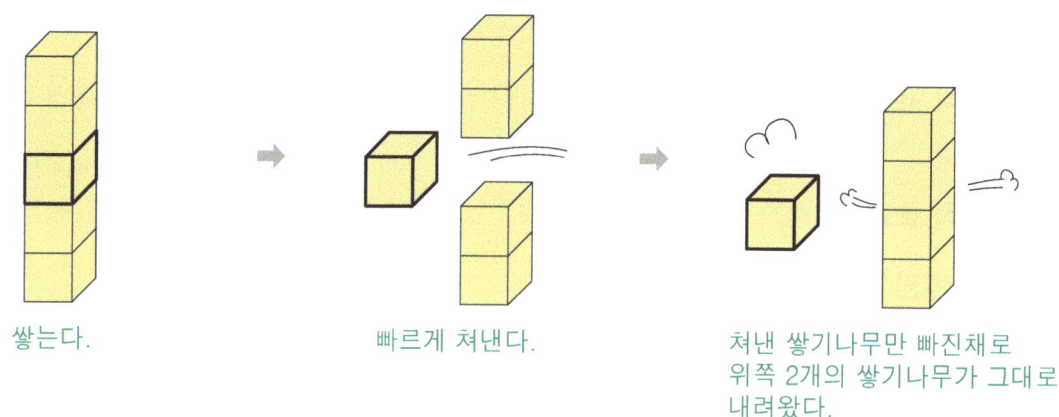

⑤ 손가락으로 쳐내도 되지만 막대나 그 밖의 도구를 사용해서 쳐내도 된다.

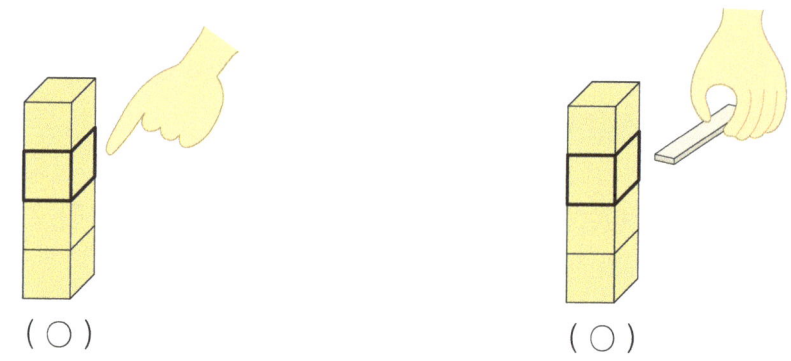

■ 쌓기나무를 무너뜨리지 않고 빼내는 요령

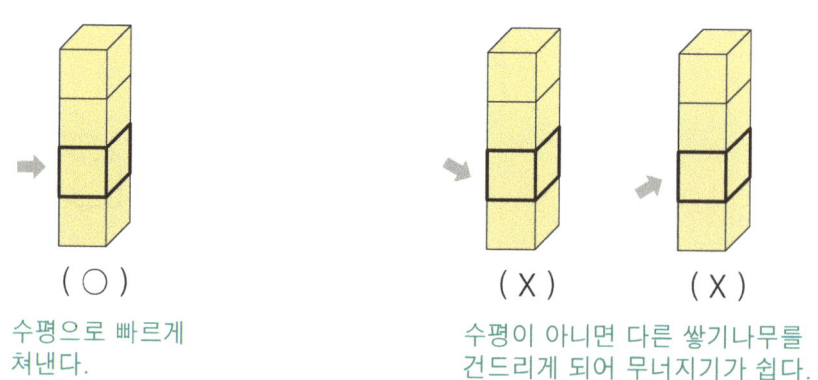

5.  놀이

- **놀이의 목적 :** 수평이 되도록 저울에 쌓기나무를 올린다.
- **교육적 효과 :** 수평을 맞춰보면서 무게와 균형의 관계를 알게 된다.
- **놀이 인원 :** 1-2명
- **놀이 준비물 :** 쌓기나무 수평저울
- **놀이의 진행 :** ① 쌓기나무와 수평저울을 준비한다.
  ② 저울의 한쪽에 쌓기나무를 올린다.
  ③ 저울의 다른 한쪽에 쌓기나무를 쌓아 저울이 수평이 되도록 한다.

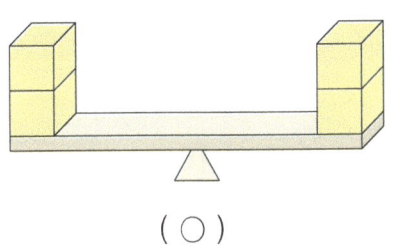

(○)

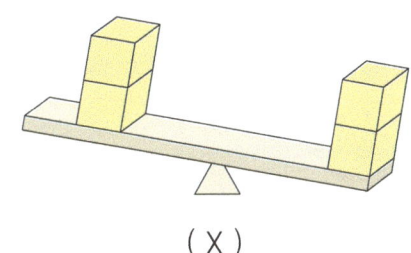

(X)

- **놀이의 규칙 :** ① 먼저, 같은 개수의 쌓기나무로 수평을 만들어 본다.
  ② 수평을 맞추면 쌓기나무의 위치를 다르게 하여 수평을 만들어 본다.

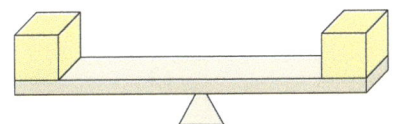 ➡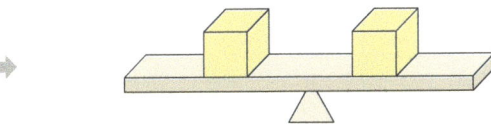

위치를 바꿔 수평을 만들어 본다.

■ 같은 개수의 쌓기나무로 균형잡기

같은 개수의 쌓기나무로 저울의 균형을 맞추기 위해서는 저울 양쪽에 놓인 쌓기나무의 모양과 위치가 서로 대칭 관계여야 한다.

예1) 쌓기나무를 2개씩 올렸을 경우

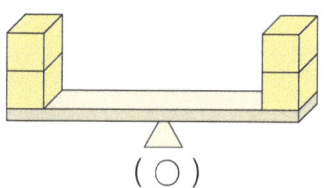 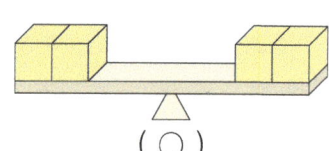 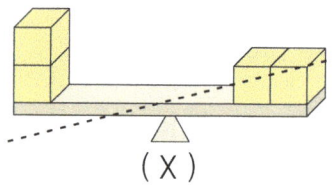
(○)　　　　　　　　(○)　　　　　　　　(X)

왼쪽으로 내려간다.

예2) 쌓기나무를 3개씩 올렸을 경우

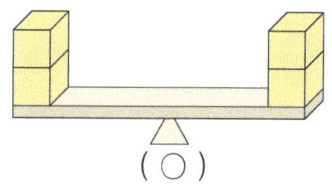 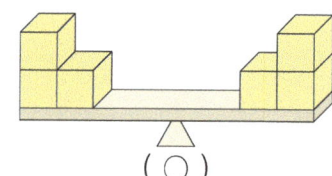 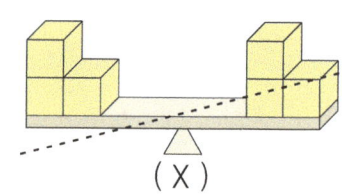
(○)　　　　　　　　(○)　　　　　　　　(X)

왼쪽으로 내려간다.

예3) 쌓기나무를 4개씩 올렸을 경우

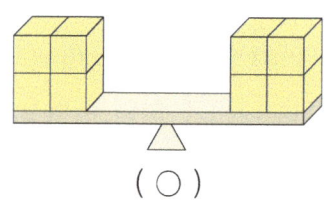 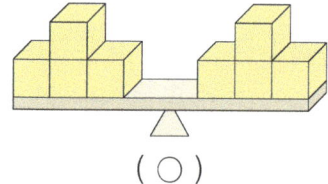
(○)　　　　　　　　(○)

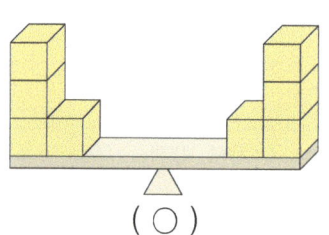 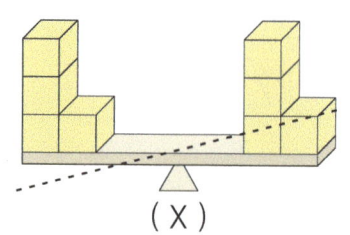
(○)　　　　　　　　(X)

왼쪽으로 내려간다.

■ 다른 개수의 쌓기나무로 균형잡기

서로 다른 개수의 쌓기나무로 균형을 잡기 위해서는 적은 개수쪽의 쌓기나무가 중심축에서 더 멀어지게 놓아야 한다.

예1) 1개와 2개로 균형 잡기

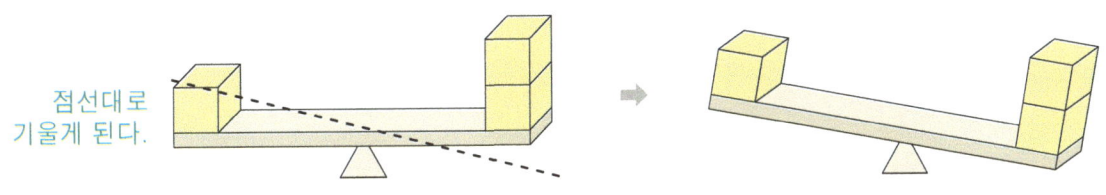

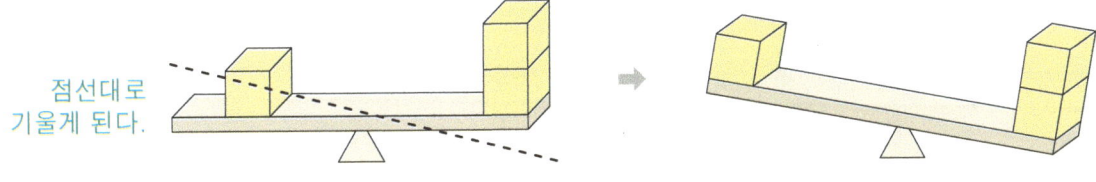

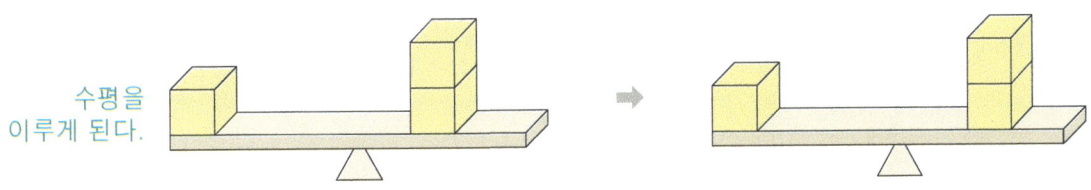

예1) 2개와 3개로 균형 잡기

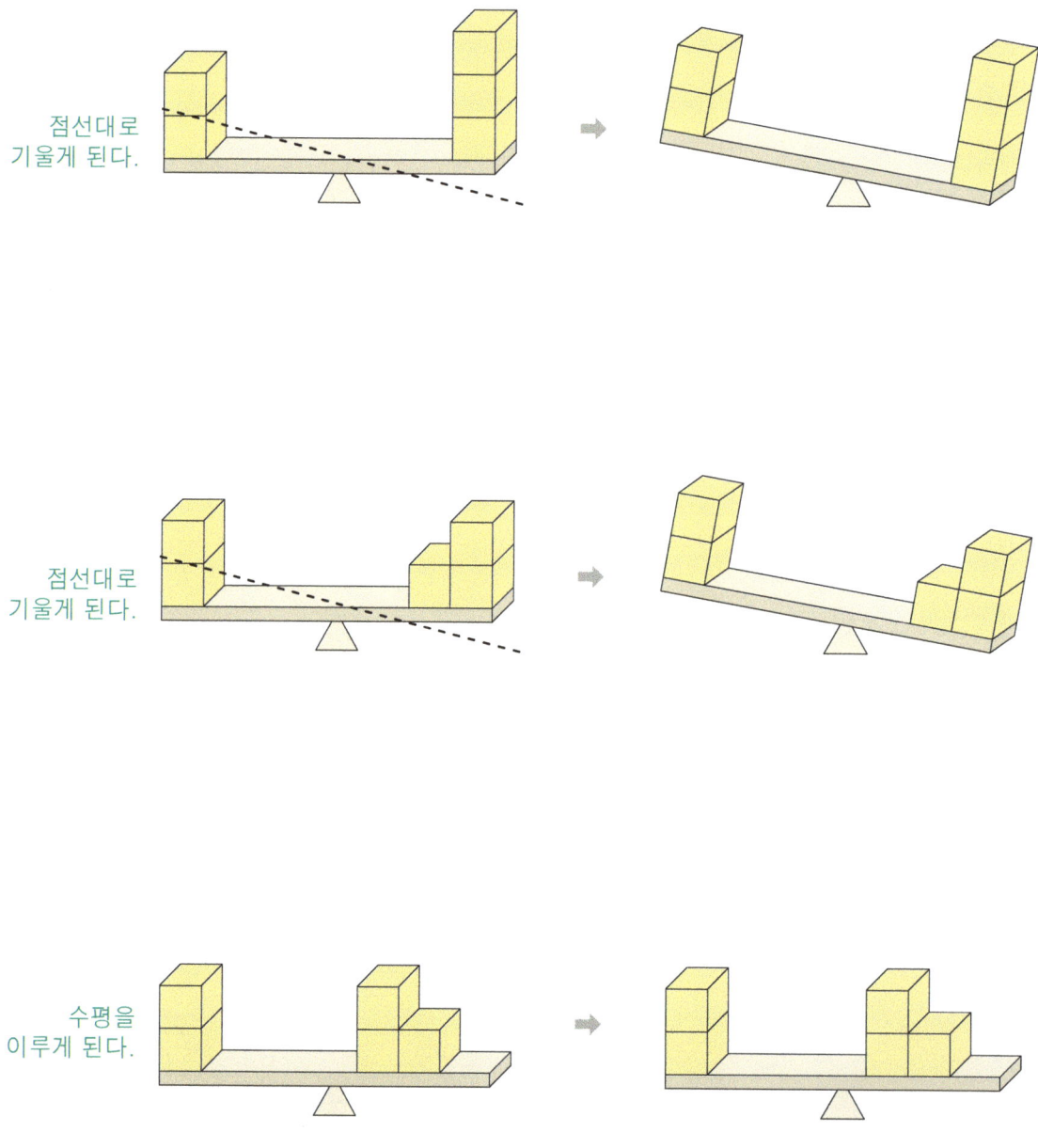

전략 학습 게임 시리즈

쌓기나무 연결블록

에딕스 링커

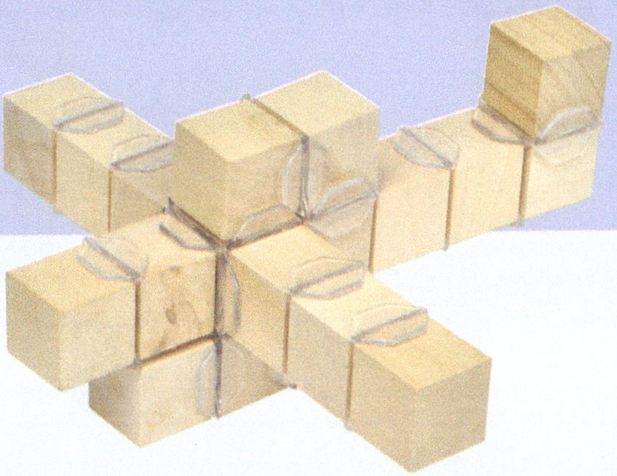

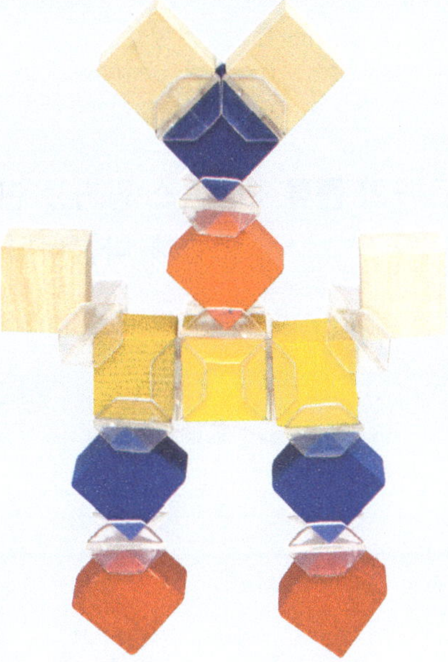

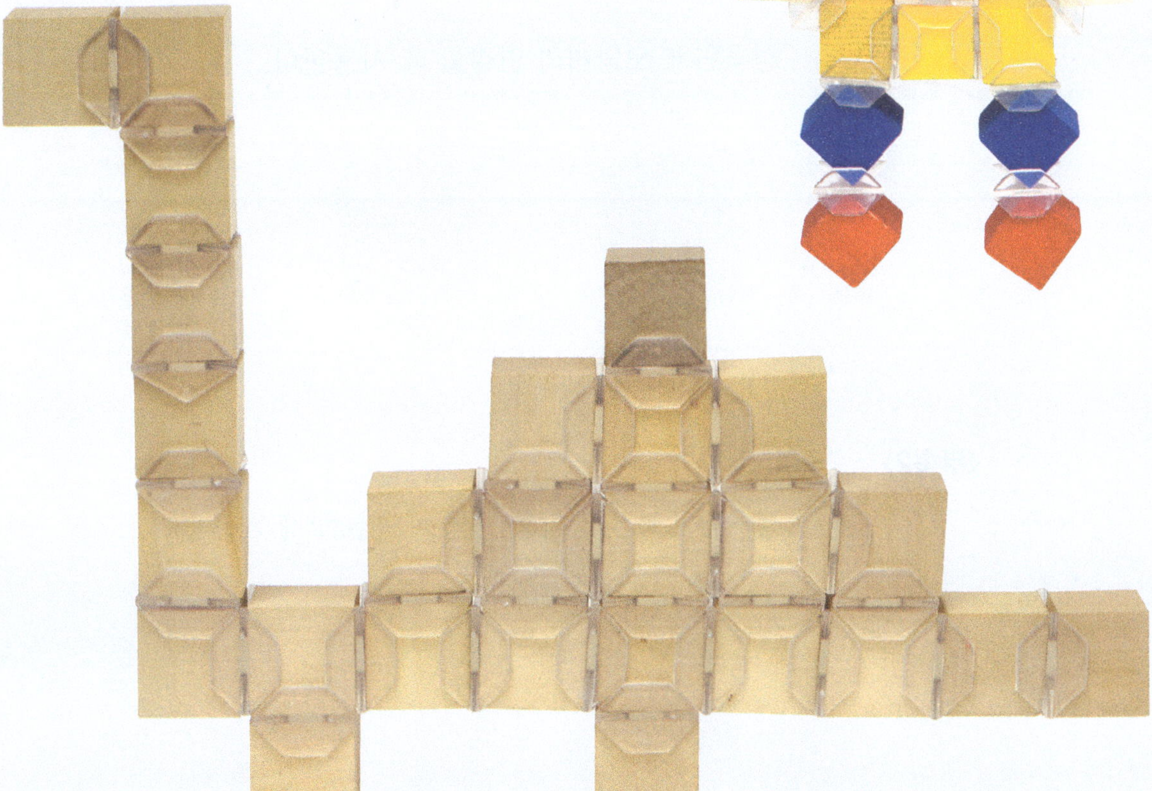

에딕스 링커 알기

1) 특징 : 에딕스 링커는 25mm의 규격을 가진 입체블록을
자석이나 목공풀 없이 열결할 수 있는
연결 도구입니다.

2) 종류 : 에딕스 링커는 연결부속과 삼각기둥 모양을 이용하여 블록을
연결해 나갑니다.

〈부속1〉

정육면체 모양끼리 연결할 때 사용한다.

〈부속2〉

정육면체와 삼각기둥 모양을 연결할 때 사용한다.

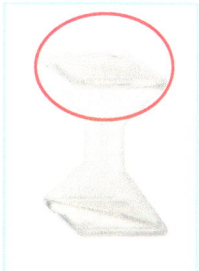   

〈부속2〉

삼각기둥과 삼각기둥 모양을 연결할 때 사용한다.

〈부속3〉

바퀴를 만들때 사용한다.

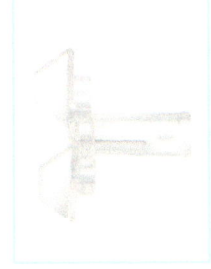

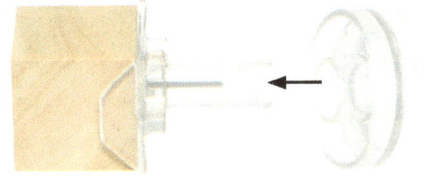

3) 블록에 에딕스 링커 끼우기 :

나무블록은 일정한 규격으로 자르더라도 약간의 오차가 발생하기 때문에 끼우기 어려운 블록은 오른쪽 사진처럼 옆으로 밀어서 끼워줍니다.

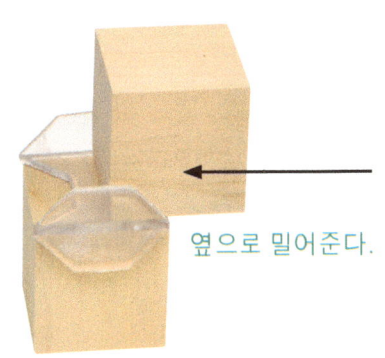

옆으로 밀어준다.

1. 에딕스 링커 수학놀이

1) 숫자놀이 : 에딕스 링커를 이용하여 0에서 9까지의 숫자를 만들어 놓으면 여러 가지 숫자 놀이를 할 수 있습니다.

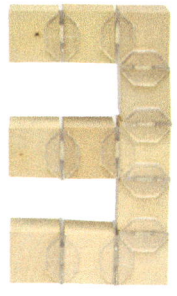
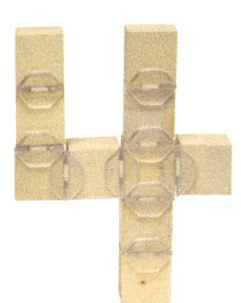
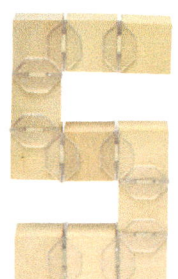

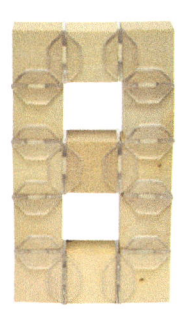
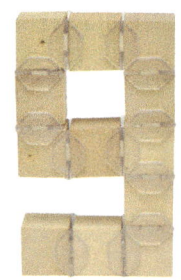

2) 소마큐브 만들기 : 에딕스 링커를 이용하여 7가지의 소마큐브 조각을 만들어 놓으면 다양한 소마큐브 수학 놀이를 할 수 있습니다.

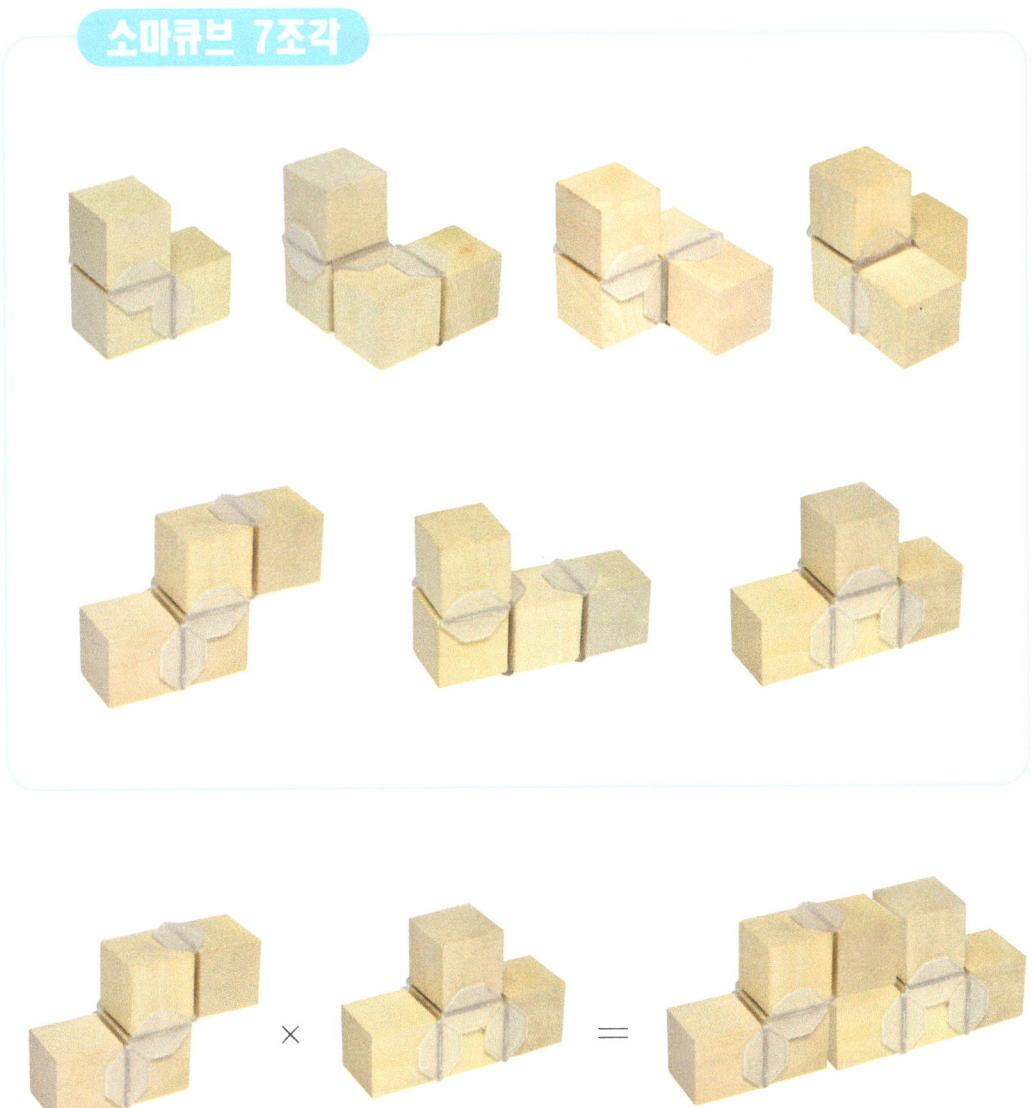

3) 맹거스펀지 만들기 :
에딕스링커를 이용하여 맹거스펀지를
만들어 연결해 나갑니다.

맹거스펀지 결합하기   맹거스펀지를 결합한 모양

4) 안티맹거스펀지 만들기 : 에딕스링커를 이용하여 안티맹거스펀지를 만들어
연결해 나갑니다.

 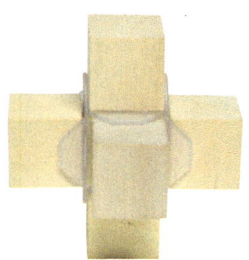

5) 수탑 만들기 : 에딕스 링커를 이용하여 1부터 10까지의 수탑을 만들어 봅니다.
수세기 학습을 할 수 있습니다.

 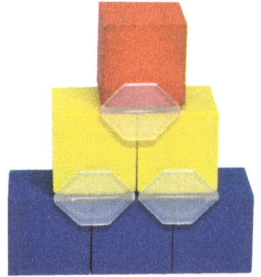 

6) 트리미노 만들기 : 에딕스 링커를 이용하여 같은 모양의 트리미노조각 4개를 만들면 다양한 도형놀이를 할 수 있습니다.

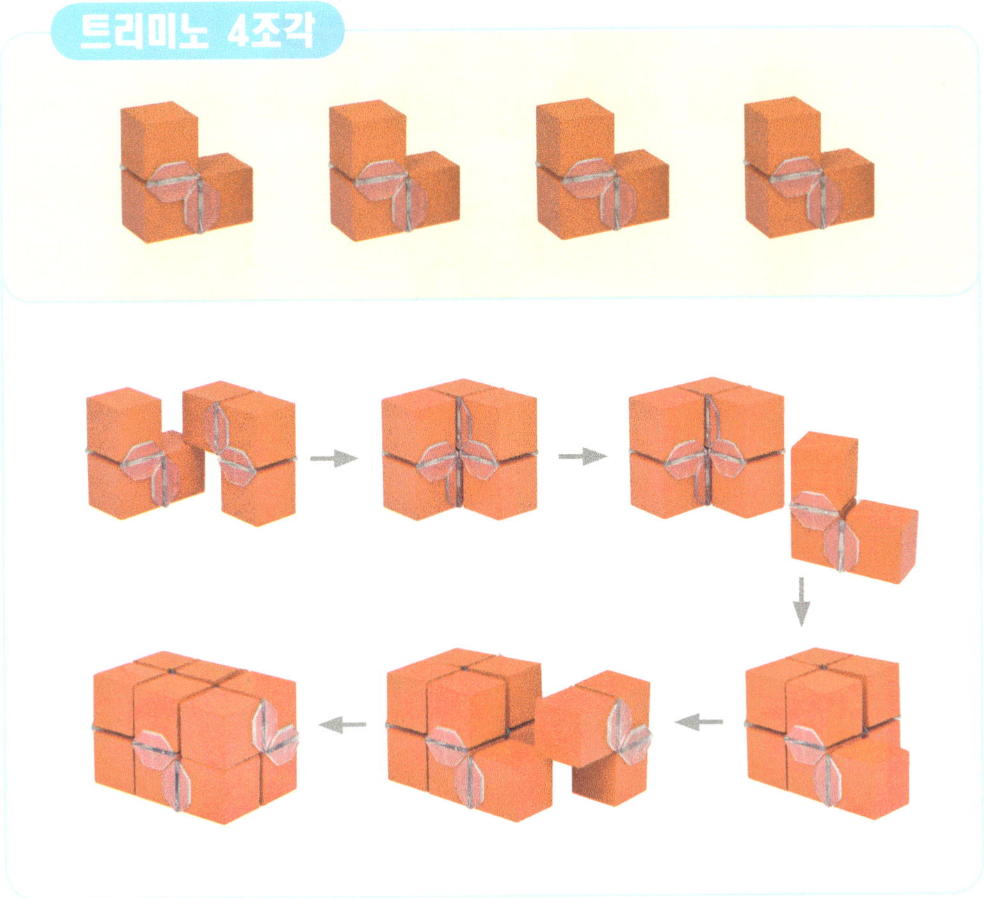

트리미노 4조각

7) 프렉탈 구조 만들기 :

프렉탈 구조는 옆의 사진처럼 눈 결정체 모양을 형성해 나가는 구조입니다.

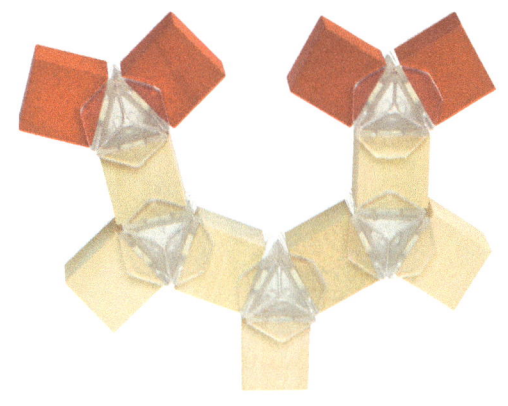

8) 수학퍼즐블록 :

에딕스 링커를 이용하여 옆과 같은 모양의 블록을 만들어 놓은 후 모두 결합하여 정육면체를 만들어 봅시다.

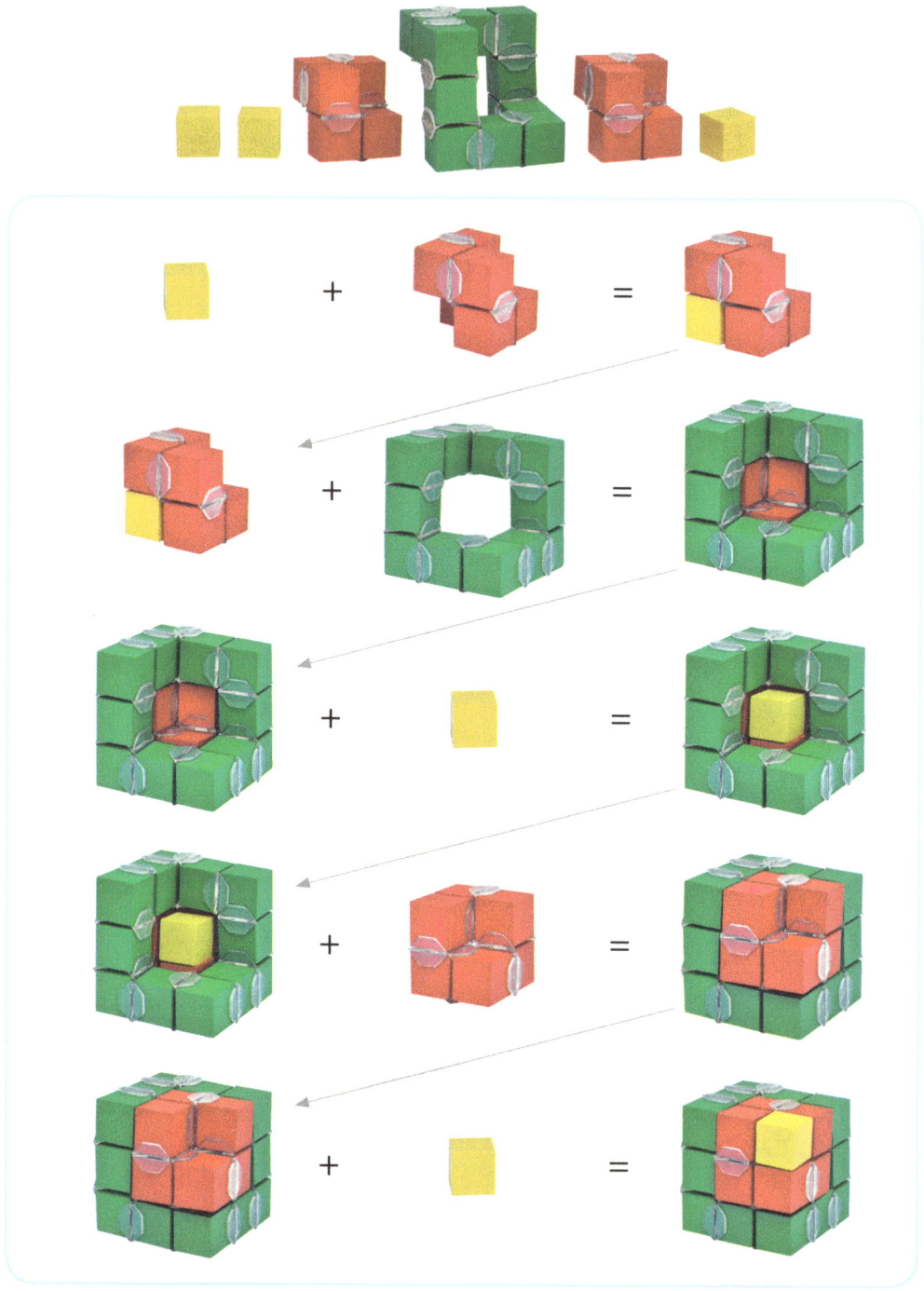

2. 재미있는 모양 만들기

에딕스 링커를 이용하여 여러가지 동물, 탈것 사물 등의 이름 있는 모양들을 만들어 봅니다.

1) 여러 가지 사물 모양

비행기

의자

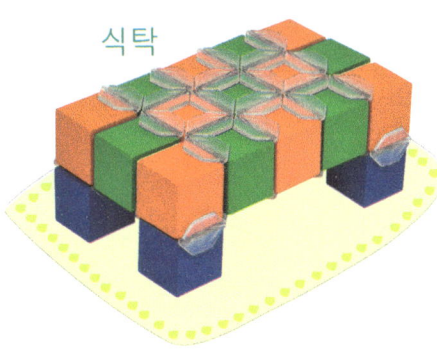
식탁

테이블

침대

 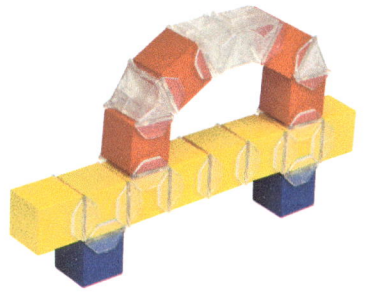

자동차

2) 여러 가지 도형 모양

3) 척척 한글 만들기

4) 건축물 만들기

신전 모습 −뒤에서 본 모습

신전 모습 −옆과 앞에서 본 모습

3. 연계 블록 놀이

에딕스 링커는 25mm의 규격을 가진 입체블록끼리는 자석이나 목공풀 없이 연결할 수 있습니다.

  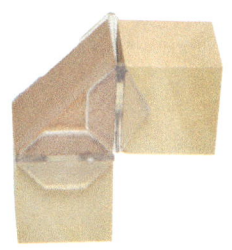 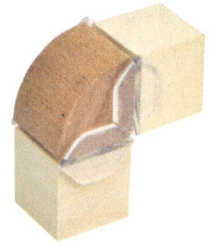

다양한 모양의 블록을 에딕스 링커와 연결한 모양

한면이 25mm인 크기를 가지고 있는 다양한 블록으로 만든 기린

한면이 25mm인 크기를 가지고 있는 다양한 블록으로 만든 낙타

직각 삼각기둥을 이용하여 만든 스포츠카

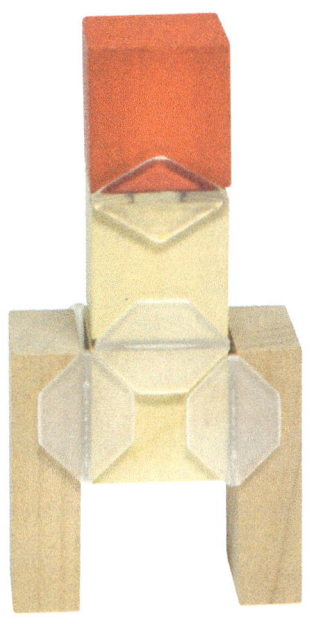

4가베를 이용하여 만든 로켓

직각 삼각기둥을 이용하여 만든 자동차

4가베를 이용하여 만든 상징탑

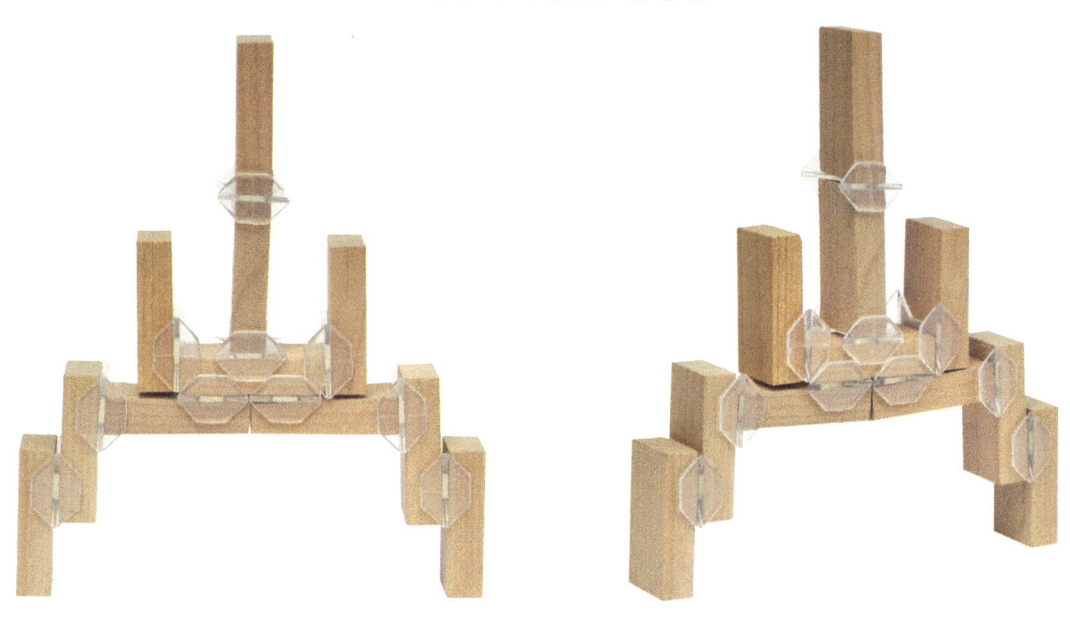

4가베를 이용하여 만든 벤치

나무판자를 이용하여 만든 거실장

전략 학습 게임 시리즈

자석을 이용한
쌓기 블록

에딕스 맥 큐브

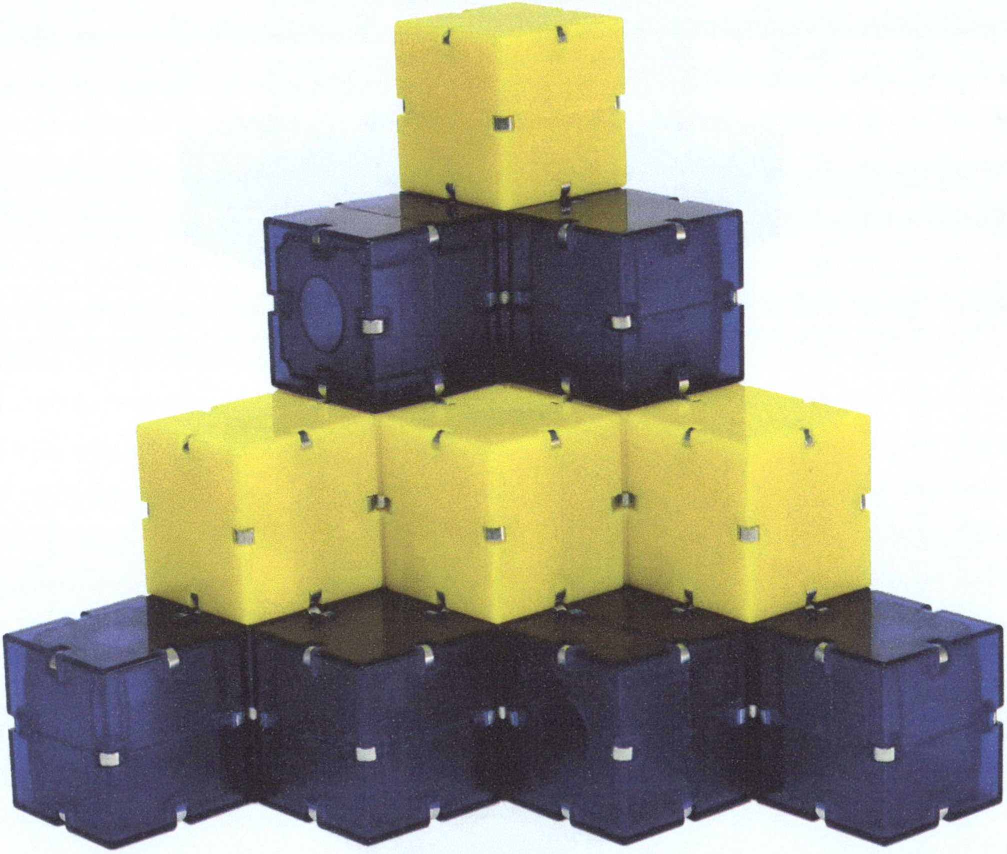

1. 자석 쌓기블록은?

쌓기나무는 쌓거나 연결할 때 서로간에 안정된 모양을 유지할 수 없기에 블록에 자석을 심어 서로간의 연결 모양이 견고하고 안정적이도록 만든 쌓기나무 수업을 위한 수학 교구이다.

2. 자석 정육면체 블록

자석 정육면체 블록은 쌓기나무 놀이를 할 때 아주 유용하게 사용됩니다.
자석 정육면체 블록으로 여러 가지 쌓기놀이를 해봅시다.

정육면체로 탑을 쌓았어요.

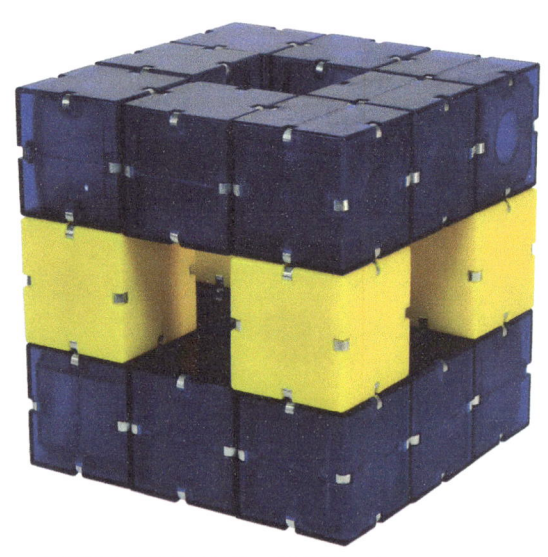

커다란 정육면체 기둥을 만들었어요.

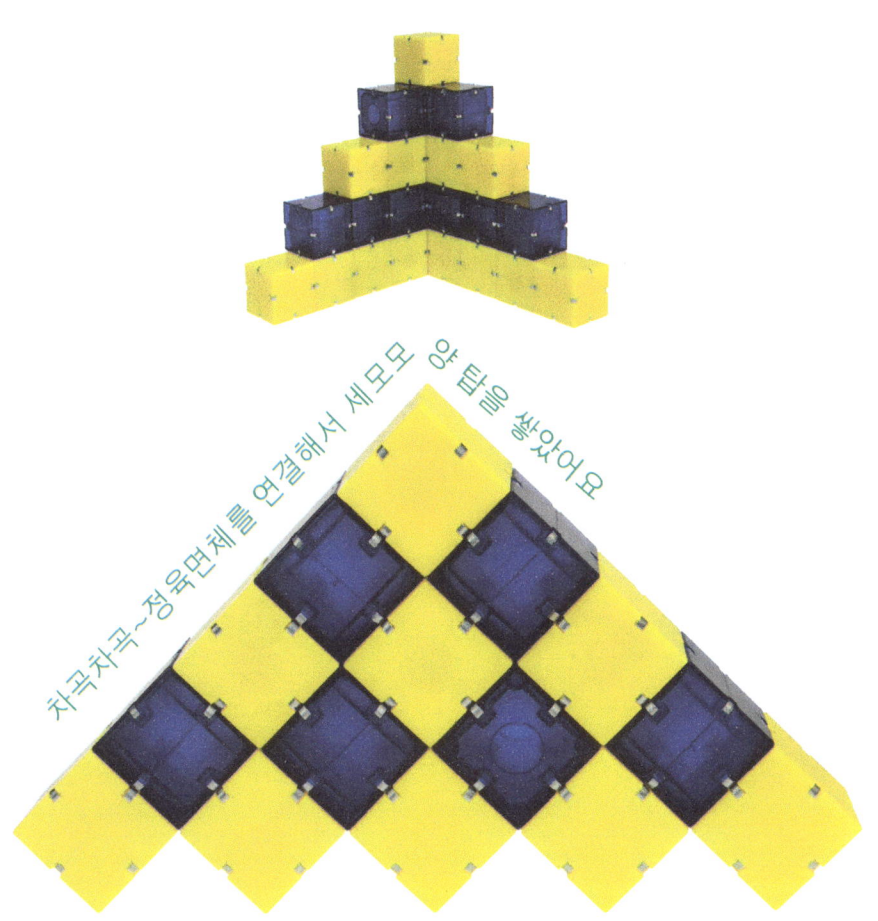

차곡차곡~ 정육면체를 연결해서 세모모양 탑을 쌓았어요

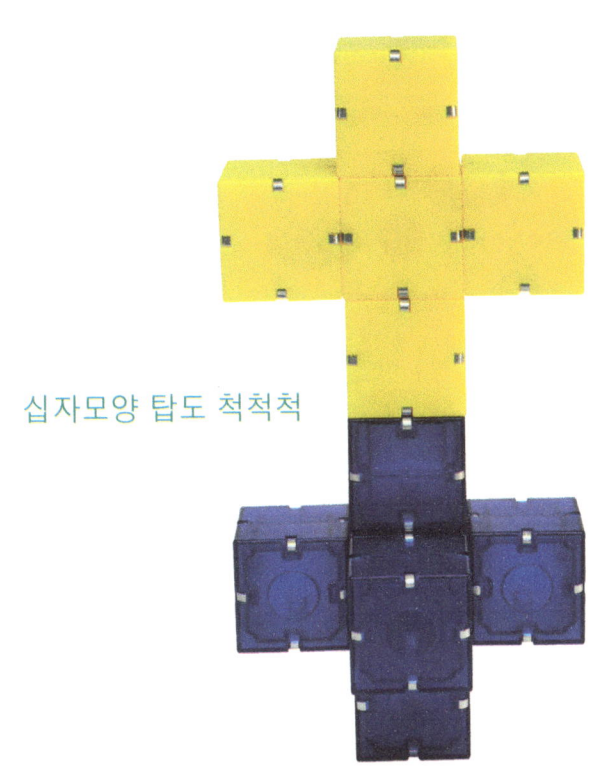

십자모양 탑도 척척척

3. 자석 색깔 블록

자석 색깔블록은 여러 가지 색깔스티커가 붙은 블록으로 퍼즐 놀이를 할 수 있습니다.

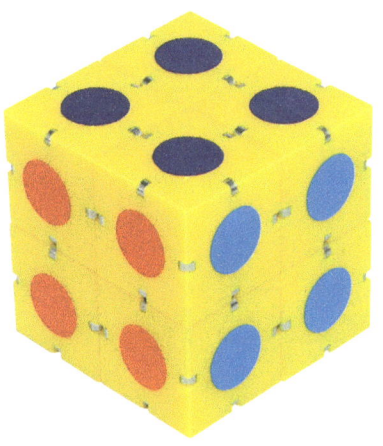

각 면이 모두 같은 색의
정육면체 만들기

각 면이 모두 다른 색의
정육면체 만들기

각 면이 모두 같은 색의
직육면체 만들기

4. 자석 숫자 블록

숫자블록으로 여러 가지 숫자놀이를 해봅니다. (0은 10으로 사용합니다.)

1) 수탑쌓기
1~10까지의 숫자블록으로 쌓은 수탑

2) 숫자퍼즐 만들기
각 면의 합이 18인 숫자퍼즐

3) 마방진 만들기
가로 세로의 합이 모두 같은 마방진

4) 수 나열하기 1~10까지의 숫자블록을 순서대로 놓은 모양

5) 작은 수 , 큰 수 만들기 : 2개~10개의 블록을 조합하여 가장 큰 수와 작은 수 만들기

2, 5, 7로 만든 가장 작은 수

2, 5, 7로 만든 가장 큰 수

6) 10 만들기 : 블록 2개, 3개, 4개를 더해서 10 만들기

블록 2개로 10만들기

블록 3개로 10만들기   블록 4개로 10만들기

5. 자석 쌓기블록의 장점

자석 쌓기블록은 자력이 상당히 강하기 때문에 길게 연결하여도, 공중에 띄어도 서로 다른 모양끼리 결합하여도 분리되지 않고 지탱하고 고정됩니다.

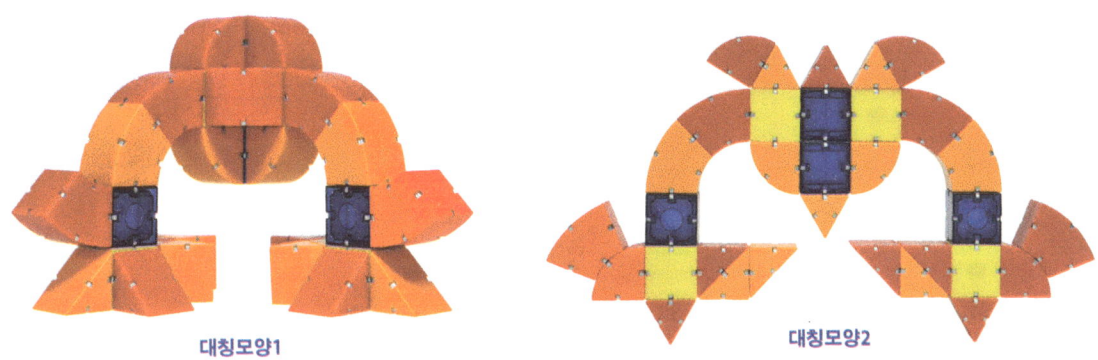

대칭모양1　　　　　　　　　　대칭모양2

좌우 대칭 모양도 완벽하게 만들 수 있어요.

오른쪽 왼쪽, 위 아래 어느 쪽이든 튼튼하게 붙어요.
네모도 세모도 척척 붙어요.

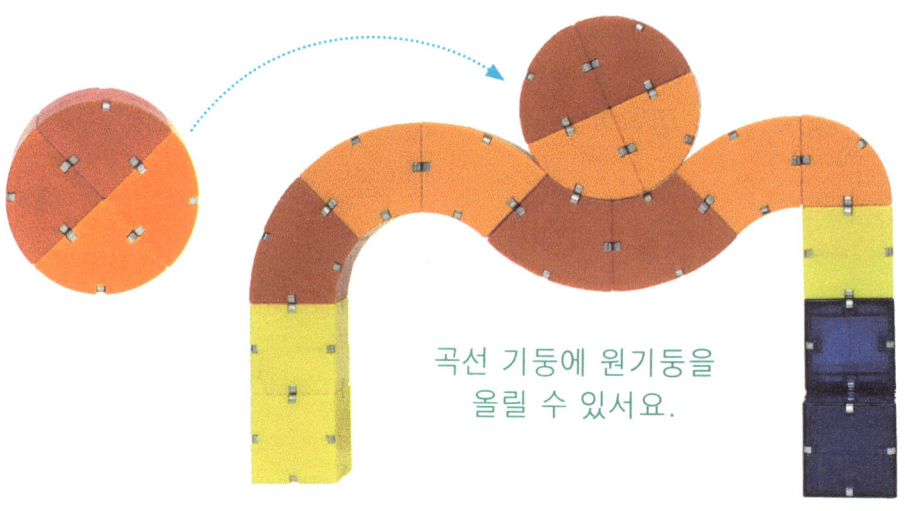

곡선 기둥에 원기둥을
올릴 수 있어요.

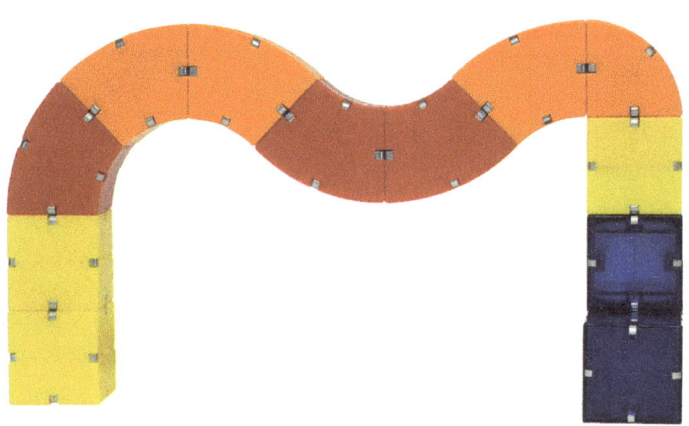

기둥이 아래에도 잘 붙어요.

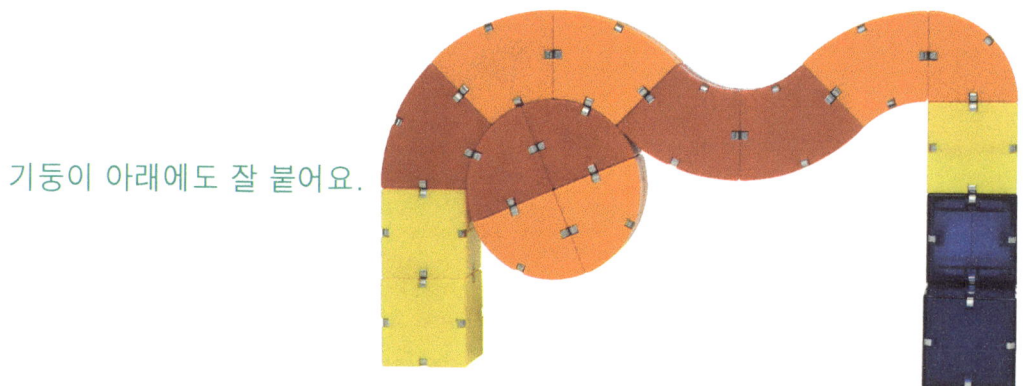

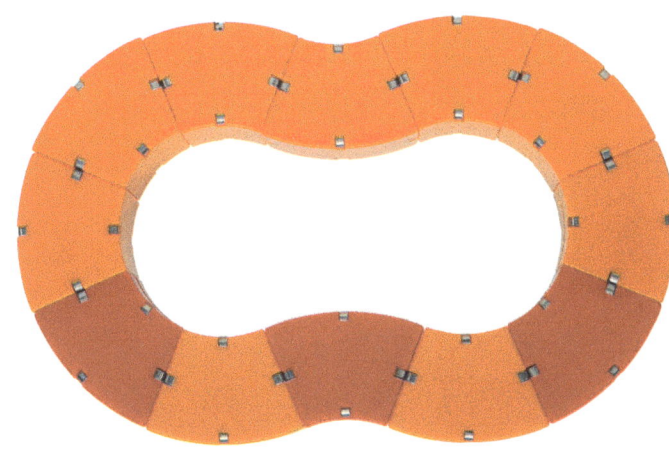

원기둥이나 반원 기둥, 고리 모양 등의 곡선 모양도 자유롭게 표현할 수 있어요.

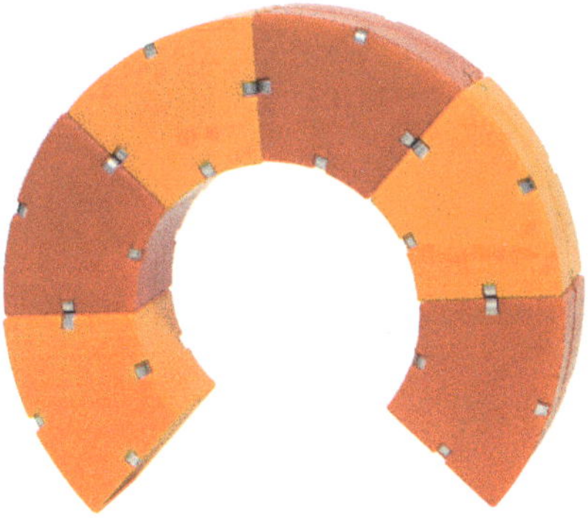

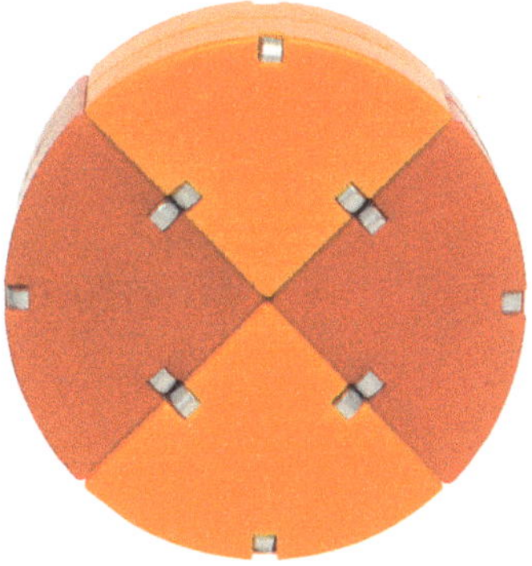

6. 자석 쌓기블록으로 여러 가지 모양 만들기

자석 쌓기블록으로 이름 있는 여러 가지 모양들을 만들어 봅시다.

1) 강아지 만들기

2) 애벌레 만들기

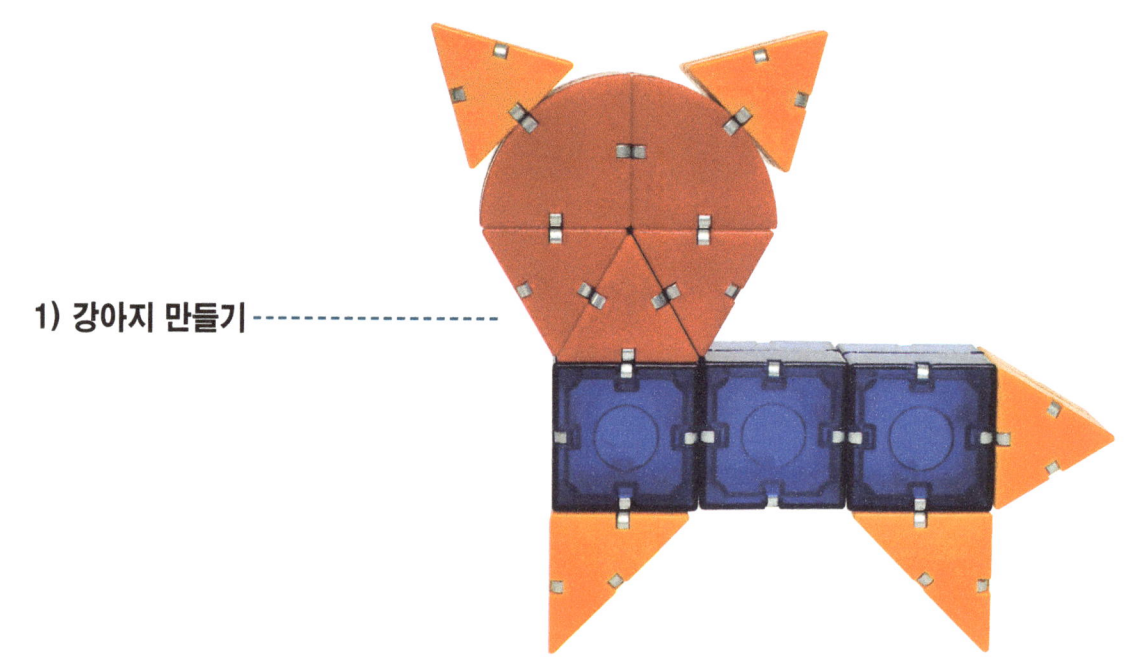

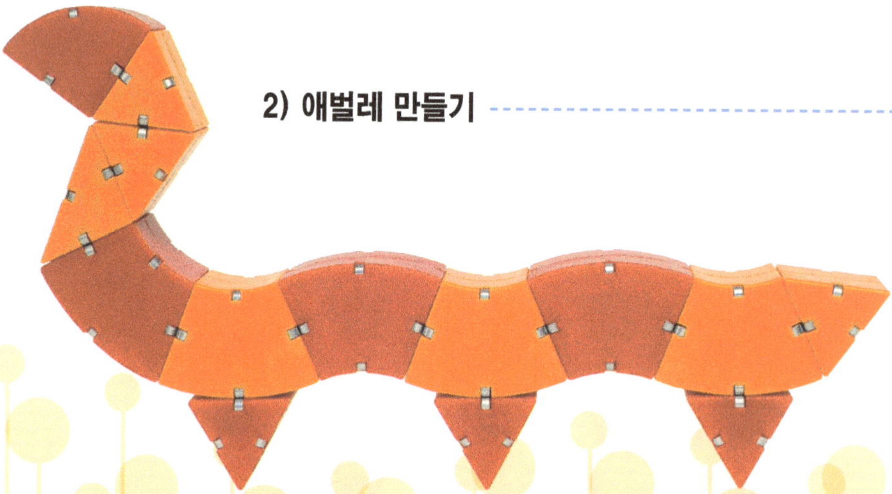

3) 로봇 만들기

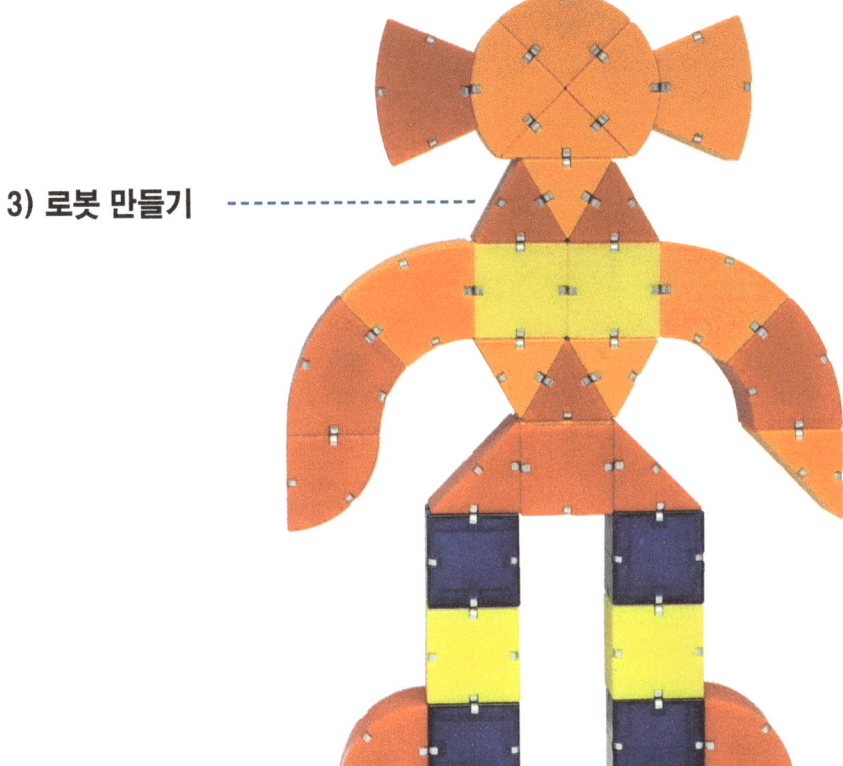

4) 외계인 만들기

5) 우주선 만들기

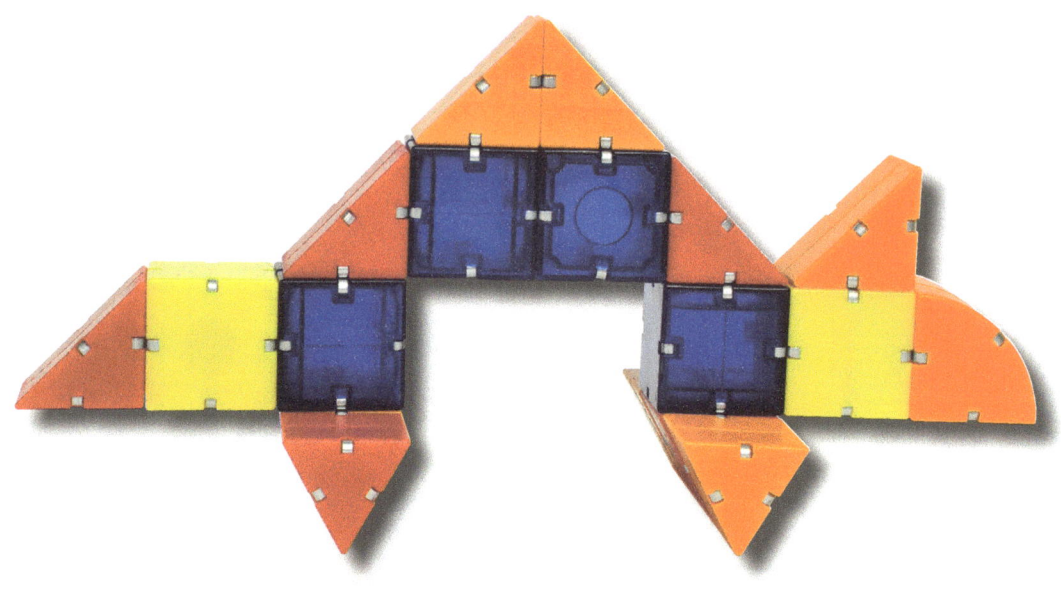

6) 자동차 만들기

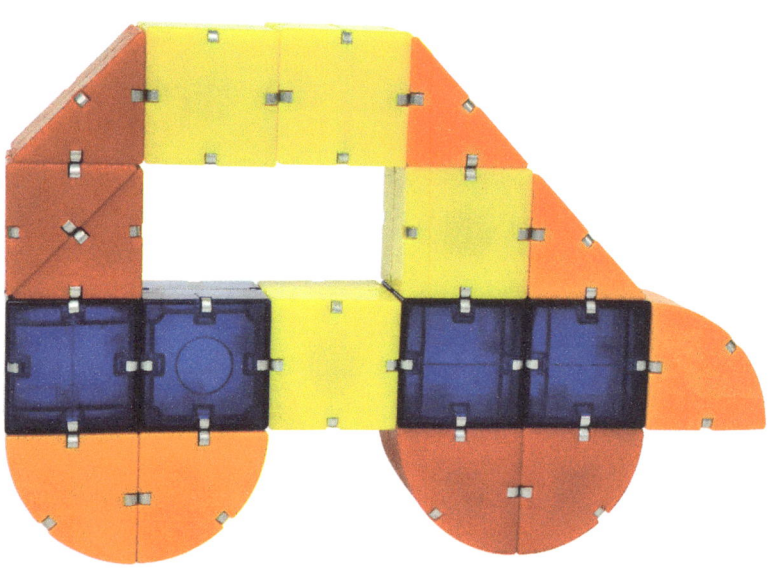

수학 교재 목록

- 창의력 마당 수학
- 아주 쉬운 코딩 놀이
- 아주 쉬운 코딩 놀이 수학
- 한버공 수학

유아부터 시작하는 영재 교육 과정 수학 교재

창의력

놀이 주제	단계	학습 영역
쌓기나무 놀이	1 2 3	• 쌓기나무와 개수세기 • 쌓기나무와 모양 익히기 • 쌓기나무 옮기기
색깔나무 놀이	1 2 3	• 색깔나무 위치알기 • 색깔나무 수세기 • 색깔나무 추측하기
스도쿠 놀이	1 2 3	• 스도쿠 알기 • 스도쿠 익히기 • 색깔 스도쿠
거울 놀이	1 2 3	• 거울과 평면도형의 대칭 • 거울과 숫자·한글놀이 • 거울과 알파벳·시계 놀이
패턴 놀이	1 2 3	• 한줄 패턴 놀이 • 비교 패턴 놀이 • 회전 패턴 놀이
색종이 놀이	1 2 3	• 색종이 접기 • 색종이 펴기 • 색종이 오리기
성냥개비 놀이	1 2 3	• 성냥개비 놀이 • 성냥개비 도형 놀이 • 성냥개비 덧셈 뺄셈
펜토미노 놀이	1 2 3	• 펜토미노 알기 • 펜토미노 연결하기 • 펜토미노 응용
칠교 놀이	1 2	• 칠교 조각 알기 • 칠교와 넓이 알기
주사위 눈 놀이	1 2 3	• 주사위 눈 알기 • 주사위 눈의 합 • 주사위 굴리기
재미 있는 놀이	1	• 하노이컵 놀이

코딩 교재

아주 쉬운 코딩 놀이는 23가지 언플러그드 활동 중심 코딩 게임 교사용 안내서입니다.

아주 쉬운 코딩 놀이

1. **카드 놀이**
   이진법 카드 놀이··········12
   이진법 비밀 카드··········17
   숫자 가리기 놀이··········20
   숫자 퍼즐 놀이 ···········31

2. **숫자 놀이**
   숫자로 그림 그리기········36
   짝수의 비밀 ·············43
   리버시 게임 ·············48
   마음속의 숫자 ···········51

3. **네크워크 놀이**
   정렬 네크워크 ··········54
   학교 가기 ·············61
   강 건너기 ·············72

4. **전략 놀이**
   바둑돌 놓기 ···········82
   바둑돌 자리 바꾸기·····87
   님게임 ················94

5. **퍼즐 놀이**
   무늬 블록 돌리기······98
   9조각 퍼즐···········100
   3D 입체 영상········104

6. **암호 놀이**
   암호문 만들 ······108
   코딩 모양 타일··· 118

7. **순서도 놀이**
   순서도 놀이 ······130

8. **명령어 놀이**
   비행기 놀이 ······140
   공놀이············ 144
   개미 놀이 ········148

 ## 아주 쉬운 코딩 놀이수학 ①

아주 쉬운 코딩 놀이 수학은 컴퓨터적 사고력을 길러주는 코딩 수학 학습지입니다.

1. 이진법 알기
2. 이진법 비밀 카드
3. 숫자로 그림 그리기
4. 짝수의 비밀
5. 정렬 네크워크
6. 학교 가기

 ## 아주 쉬운 코딩 놀이수학 ②

아주 쉬운 코딩 놀이 수학은 컴퓨터적 사고력을 길러주는 코딩 수학 학습지입니다.

1. 바둑돌 놓기
2. 무늬 블록 돌리기
3. 암호문 풀기
4. 코딩 모양 타일
5. 순서도
6. 비행기 놀이

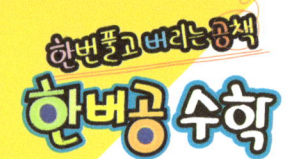

한버공 수학 단계별 교재내용

A1.	다각형 알기 도형 자르기 종이띠 겹치기 색종이 겹치기	**B1.**	두자릿수 만들기 도미노 연결놀이 홀수 짝수 알기 코딩 알기	**C1.**	모양 스도쿠 알기 십자 마방진 삼각 마방진 마방진
A2.	교차점 알기 색깔바구니와 구슬놀이 숫자 찾기 구슬 세기	**B2.**	빨노파 길찾기 가로등 불켜기 공필름 겹치기 길찾기	**C2.**	종이띠 색 구별하기 고리 연결하기 확대 알기 축소 알기
A3.	참, 거짓 알기 합집합 알기 차집합 알기 교집합 알기	**B3.**	뫼비우스의 띠 알기 원판 쌓기 OX연결 놀이 구슬 나누기	**C3.**	수직선 건너뛰기 수의 규칙 알기 주사위 눈의 합 놀이 둘레 비교하기
A4.	테트로미노 만들기 바둑돌 감싸기 좌표 알기 위치 기억하기	**B4.**	선대칭 알기 평행이동 알기 색도미노 연결하기 도형 연결하기	**C4.**	도형의 둘레 알기 눈금없는 자 놀이 직사각형 개수세기 같은 모양으로 나누기

아주 쉬운 수학 놀이 - 쌓기나무편

초판 발행일 : 2019년 1월 22일
지은이 : 한버공
펴낸 곳 : 청송문화사
　　　　　서울시 중구 수표로 2길 13
E-mail : kidlkh@hanmail.net
전화 : 02-2279-5865
팩스 : 02-2279-5864
등록번호 : 2-2086 / 등록날짜 : 1995년 12월 14일

가격 : 22,000원

잘못 인쇄된 책은 서점이나 본사에서 바꿔 드립니다.
ISBN : 978-89-5767-354-6
ISBN : 978-89-5767-353-9(세트)

본 교재의 독창적인 내용은 저작권법에 의하여 보호받고 있습니다.